U0901509

静下心来 好好工作

老　泉　王朝清◎著

Jingxia Xinlai
Haohao
Gongzuo

中国言实出版社

图书在版编目(CIP)数据

静下心来 好好工作/老泉,王朝清著.—北京:中国言实出版社,2012.11

ISBN 978-7-5171-0012-6

Ⅰ.①静… Ⅱ.①老… ②王… Ⅲ.①工作方法—通俗读物 Ⅳ.①B026—49

中国版本图书馆 CIP 数据核字(2012)第 251111 号

出版发行 中国言实出版社

地　址:北京市朝阳区北苑路 180 号加利大厦 5 号楼 105 室

邮　编:100101

电　话:64966714(发行部)　51147960(邮　购)

64924853(总编室)　64963106(编辑中心)

网　址:www.zgyscbs.cn

E-mail:zgyscbs@263.net

经　　销 新华书店

印　　刷 北京世纪雨田印刷有限公司

版　　次 2013 年 1 月第 1 版　2013 年 1 月第 1 次印刷

规　　格 710 毫米×1000 毫米　1/16　13.5 印张

字　　数 165 千字

定　　价 32.00 元　　ISBN 978-7-5171-0012-6

前言

在职场上，我们每个人都在工作着，但由于工作的方法、工作的态度、工作的绩效千差万别，大不相同，使得我们身边不乏不同领域的楷模，也不乏做一天和尚撞一天钟的人。

为什么同样工作，有的人成了楷模，而有的人仍然在混日子？这主要是因为，那些楷模们懂得静下心来好好工作，他们对待工作热情而执著，从不视工作为苦差事，努力突破平庸，正视困难与挫折；反之，那些浑浑噩噩打发日子的人，最终也只能浑浑噩噩地了此一生。

不妨扪心自问：你珍惜你的工作了吗？你静下心来好好工作了吗？

静下心来，好好工作，首先要淡定务实不浮躁。所谓"淡定"，就是要站稳脚跟，经受住各种诱惑，不为眼前利益而弯腰；热爱自己的本职工作，具有一定的淡定力，远离张狂和浮躁，兢兢业业地工作，做爱岗敬业的好员工。

静下心来，好好工作，其次要一心一意不折腾。一心一意是好好工作的前提，那些折腾，往往是因为一些不现实的理想和目标，所有的事情应该想得到，还要做得到才能成功。不管做什么工作，我们都应该多一点实干，少一点瞎折腾。

静下心来，好好工作，最难做到的是要摒弃抱怨，因为抱怨不能解决实质问题，最终只会伤害自己。

在工作中，我们经常都会听到一些员工抱怨厂里规章制度多，压力大，工作又太累，等等，于是不断地有人离开，又不断地有一些人回来复职。事实上，任何一份工作都有压力，真正没有压力的工作就不叫工作。企业需要的都是愿意为公司付出的员工，如果你只是一味地去考虑公司回报了你多少，而从不去考虑自己为公司贡献了多少，那么新的工作也不会让你有如鱼得水的感觉。只有当我们的付出大于得到时，当我们的能力大于位置时，主管才会给我们更多的发展机会，也就是说，只有静下心来永不抱怨，在职场上才有发展机会，才有美好的生活。

在当下，任何人的价值、目标理想都必须通过工作来体现，只有好好工作，才能拥有精神和物质的回报，才能拥有社会地位。如果不静下心来好好工作，而是把工作当苦役，遇事挑肥拣瘦，讨价还价，见了工作难题就愁锁眉头、心生厌恶，这样的人今天工作不努力，必定明天努力找工作。

其实，每一个人都可以静下心来好好工作，并把工作做到更好。只要我们不浮躁、不折腾、不抱怨，只要我们坚强、自信、不悲观，尽职、尽责、不敷衍，用对方法做对事，并且善于点燃职场的智慧，即使在普通的岗位中也能突破平庸，发挥出自己的最大作用，从而脱颖而出，获得更多、更好的机遇。

职业是社会给予我们的责任，是员工的使命所在。要赢得尊重，首先要静下心来把工作做好，做好工作是使我们人生价值丰盈的必由之路。况且，好工作来自于好好工作，没有好好工作，怎么会有好的生活？即使你有一流的工作能力，如果不静下心来好好工作，最终也势必一事无成。

“静而后能安，安而后能虑，虑而后能得。”这个“得”字，是卓越员工对工作的追求。职场上的朋友们，请静下心来，好好工作吧！

目 录
Contents

第一章 静下心来，淡定务实不浮躁

浮躁的人在生活中稍有挫折就歇斯底里，在工作中稍有不顺就半途而废。可以说，浮躁是成功的大敌，只会给职场的你带来灾难。因此，我们要学会爱岗敬业，让自己不为假象所蒙蔽，不为一己私利所驱动，这种状态就是淡定。淡定是对浮躁的彻底否定，是人生最高的境界，是职场中超然的智慧。身在职场，面对诸多欲望，我们如何在喧嚣中自律，在寂寞中突围？只有淡定才能心如止水、波澜不惊，才能够去浮戒躁，坦然生活。

第二章 静下心来，一心一意不折腾

人一生有许多时候做的都是毫无意义和没用的事情，做那些没用和没意义的事就是瞎折腾。在折腾中，我们浪费了大量宝贵的时间和精力；在折腾中，我们的财富也随之受到巨大损失；在折腾中，成功离我们越来越远。因此，"少点折腾，干点正事"已成为我们职场中人在工作中的共识。而要不折腾，一心一意是关键，那些成功人士的成功经验就是：专注目标，放弃折腾。

第三章 静下心来，宽容豁达不抱怨

工作占据了职场人大部分的时间，而日常生活中充斥着一个个矛盾，需要职场人凭借自己的能力和努力去解决和协调。在这个过程中，一旦无法做到内心的平衡，抱怨就会在脑海中出现或是随口而出。当这种矛盾积累到无法疏解的时候，职场人会发现自己真的成了“祥林嫂”。殊不知，过多的抱怨会给人们的身心健康带来消极影响，不停向别人抱怨也会留给别人非常消极的负面影响。因此，积极正面的情绪及行为举止是职场人需要具备的基本素质，也是职场人职业发展的助推器。职场人应能够在工作中树立积极正面的形象，而不应是一味抱怨。

第四章 静下心来，坚强自信不悲观

爱默生曾说:“自信,是使人走向成功的第一秘诀。”一个人只有相信自己,才能激发进取的勇气,才能感受生活的快乐,才能最大限度地挖掘自身的潜力。每个人的生活道路上不全是鲜花和美酒,风雨坎坷在所难免,面对人生困难是前进还是后退,是坚强还是退缩,往往取决于我们的自信与否。当你怀疑自己的能力,被自卑感所控制时,就觉得自己不如他人,必将一事无成;当你拥有了信心,采取了果断行动,许多问题就将迎刃而解。所以说,自信能使职场人保持最佳心态,增强进取的勇气。

第五章 静下心来，尽职尽责不敷衍

“在其位,谋其政。”一个人无论从事何种职业,都应该尽职尽责,尽自己最大的努力,求得不断的进步,这不仅是工作的原则,也是人生的原则。如果没有了尽责和理想,生命就会变得毫无意义。无论你身居何处,如果静下心来,尽职尽责不敷衍,最后往往都会获得成功。因为一个人能取得多大的成功,很大程度上取决于他有多大的责任心。只有拥有责任心,才能敬业,才能磨炼才干,才能促进职业成长。职场以人为本,而职业以责任为本。

第六章 静下心来，用对方法做对事

世上并没有用来鼓励工作努力的赏赐，所有的赏赐都只是被用来奖励工作成果的。要想获得更大的成功，达到事半功倍的效果，在很大程度上需要用对方法做对事。如果你努力做了，结果还是没有获得预想的成功，那就要想一想了，是不是方法有问题。成功者找方法，失败者找理由。好的方法能起到事半功倍的作用，相反，方法不对，就会是事倍功半了。

第七章 静下心来，超越自己不平庸

很多人不敢去追求成功，不是追求不到这个成功，而是因为在他的心里面，已经默认了一个高度。这个高度常常会暗示自己的潜意识：成功是不可能的，这是没有办法做到的。这个心理高度，正是限制人们无法取得更大成就的根本原因。而超越自己，就是要超越这个自设的高度。世上所有的成功，都始于对远大目标的追逐，强烈的成功动机是走向成功最强劲的发动机。人在职场，应追求卓越，追求成功；应唾弃平庸，唾弃自甘平庸！

第八章 静下心来，用智慧点亮职场

曾有不少人幼稚地以为：职场中最重要的只是技术和实力，只要在工作上竭尽全力，就不可能不成功。其实，成功并没有这么简单，如果以时间来计算，除去人们吃饭睡觉的12小时以外，人们用于工作的时间已经占据了其余12小时的三分之二，也就是说，身处职场的人们快乐与否，直接影响着人们一天中大部分时间的心情。在这样的前提下，如果缺乏工作的艺术，不懂得用智慧去点亮职场，那么我们的上班生涯就会痛苦，甚至可怕。相反，假如能很好地运用智慧解决问题，建立和谐的人际关系，可以让自己在一天中的大多数时间内保持轻松愉快的心情。由此，职场智慧的重要性可想而知。

附 录

第一章

静下心来，淡定务实不浮躁

浮躁的人在生活中稍有挫折就歇斯底里，在工作中稍有不顺就半途而废。可以说，浮躁是成功的大敌，只会给职场的你带来灾难。因此，我们要学会爱岗敬业，让自己不为假象所蒙蔽，不为一己私利所驱动，这种状态就是淡定。淡定是对浮躁的彻底否定，是人生最高的境界，是职场中超然的智慧。身在职场，面对诸多欲望，我们如何在喧嚣中自律，在寂寞中突围？只有淡定才能心如止水、波澜不惊，才能够去浮戒躁，坦然生活。

1 坚守并做好自己的本职工作

做好本职工作是一个永恒的主题。无论你是政府官员还是百姓，无论你是教授还是农民，无论你是管理者还是员工，只有做好自己的本职工作，你才算得上称职，否则你就是一颗松动的螺丝钉。一颗松动的螺丝钉可能导致车辆刹车失灵，可能导致飞机失事，后果不堪设想。如果全社会的人都在努力地做好自己的本职工作，那么，各行各业就会欣欣向荣、朝气蓬勃。

2010 年 4 月 14 日 7 时 49 分，一个黑色的时刻，一个值得所有人永远铭记的悲伤时刻，青海省玉树藏族自治州玉树县发生 7.1 级地震。刹那间，天塌地陷，地动山摇。人们从惊恐中醒来，看见温暖的家园化为废墟，挚爱的亲人遭受磨难，鲜活的生命消逝在黑暗的世界……

地震发生后，省高管局收费处副处长刘芳涛脑中闪现的第一个念头就是，高速公路即将成为抗震救灾的运输生命线！第一时间要做好一切准备，保障高速公路安全畅通，努力做好收费站车道保通工作责无旁贷。在接到抗震救灾任务后，灾情就是命令，时间就是生命。刘芳涛迅速行动起来，组织安排处室人员加班加点完成 800 余张“玉树州抗震救灾车辆通行证”的制作，为救灾物资运输车辆顺利通过收费站提供了便利。同时，他还积极主动协调局有关处室做好抗灾保通工作，深入沿线各个收费站点安排保通工作。在关键部位、重点路段蹲点守候，在抗震

救灾最为紧迫的日日夜夜里，他坚守岗位、忠于职守、深入一线、吃苦耐劳，每天巡视、值班守候，天天工作18个小时以上。每天在第一时间掌握第一手信息，及时报送省交通厅抗灾保通指挥部，并及时向社会发布道路信息，发挥了一个共产党员的先锋模范作用，为抗震救灾保通工作做出了自己的贡献。

接下来的几天里，刘芳涛每天都要到抗震救灾重要路段沿线11个站点跑一遍，安排指导各站扎实做好抗震救灾、车道保通的工作。他对广大收费员说："虽然我们不能到玉树灾区去直接帮助那里受灾的人们，但是，我们坚守自己的岗位，努力做好本职工作，确保救灾通道畅通无阻就是完成自己抗震救灾的使命，就是以实际行动帮助他们！"收费员们在他的感召下，主动放弃休息时间，全力投入车道保通工作。他也和大家一起在收费岛头指挥、分流车辆，确保每一辆救灾车辆顺利通过车道。

大灾面前，大爱无言。刘芳涛坚守并做好自己的本职工作，用实际行动诠释着共产党员的模范和忠诚，诠释着一名交通人的责任和义务。他质朴的行动表达了对灾区人民的深情厚谊，也深深地感染了周围的每一位同志。在社会上，在职场中，这样坚守岗位努力奉献的人还有很多，比如在广州亚运会期间的番禺有线人，就是典型的例子：

为期60天的亚运激情盛会为世人所瞩目，社会各界为了亚运盛会都纷纷奉献出自己的一份力量，作为番禺有线人当然也不例外。番禺有线人在自己的岗位上默默地奉献、辛勤地付出，以自己的行动践行"一起来，更精彩"的亚运口号。

对番禺有线人，特别是外线维护人员来说，在节假日和大型盛会举办期间不能与家人朋友一起团聚、分享是习以为常的事，但在亚运期间连续奋战60天也算是头一回了。确保电视信号的安全传输，让千家万户能安坐家中及时收看到各项精彩的赛事，是番禺有线的线路维护员的重要任务。虽说只是每天巡查线路、如常地为用户抢修，听起来没多大难度，但是做起来就不容易了。比如化龙镇辖区面积54平方千米，用户散布在各个角落，据机线员称，完成一次全镇的线路巡查差不多需要半天的时间，而且还要按时完成好每张报障工单，时刻保持安全播出的高度警惕性。用他们的话来说就是:“这60天过得可真不容易!”

化龙分公司的员工胡健华,是一名平凡的线路维护员,趁着2010亚运年与女朋友完成了爱情长跑,在亚运开始前注册登记了。婚姻大事需筹备的东西很多,但适逢60天亚运会安全播出保障期,胡健华也只能将筹备之事交给了另一半,交给了家人。虽然肩负着双重重担,但乐观开朗的胡健华得到家人理解与支持,与同事并肩奋战在最前线,最终与大家一起出色地完成了本次安全播出工作。

平凡简单的事情只要加上“坚守”两字都会变得不平凡,60天的连续坚持,60天的风雨无阻,60天的零安全事故,续写了番禺有线人又一次的胜利!亚运赛场上运动员在拼尽全力为国家争荣誉,他们机线员在安全播出的“赛场”也是丝毫不敢怠慢,可以说亚运的成功也少不了番禺有线人的努力。

在职场中,每个人对于自己所处的工作角色,第一要求是明确自己的职能和所需技能,对自己有一个清晰的认识。这就要求你兢兢业业地做好属于你这个位置所应该做的一切事情。

如何坚守并做好自己的本职工作,是每一个职场人必须思考的问题,做得好可以给企业带来效益,自己也可以得到实惠,就会得到上级及同事的认可,对自己来说既练就了技能,又增加了升职的机会,可谓一举多得。那么,怎样坚守并做好自己的本职工作呢?

一是要带着责任感工作。责任感是一个人的思想素质、精神境界、职业道德的综合反映。责任感虽然无形无状、难触难摸,但是力量巨大,影响深远。有责任感的人受人尊重,被人欣赏,让人放心。

二是要带着激情工作。激情是吹动船帆的风,激情是工作的动力,没有动力,工作就难有起色。如同灵感可以催生不朽的艺术,激情能够创造不凡的业绩。如果缺乏激情,疲沓懒散,很可能一事无成。工作虽然辛苦,但是有激情就会有喜悦,有激情就会有成就,有激情就会喜中作乐。

三是要带着感恩之心工作。每个人保持正确的心态至关重要。正如一位哲人所说,心态决定一切。它能够左右一个人的思想,影响一个人的行为,甚至决定一个人的命运。心态好就会宁静而安详,感到生活温暖,就会迸出干劲和活力,感到工作愉悦。如果心态不好,就会在顺利时自以为是、傲气十足、得意忘形，在逆境时怨天尤人、牢骚满腹、烦躁不安；就会既嘲笑别人不如自己，又怕别人比自己好，斤斤计较，患得患失；甚至会为了谋取一己之利而不择手段，这样势必害事业、害组织，最终也会害了自己。因此，要不断学会以感激的心态对待工作、对待他人、对待组织。

四是要带着清醒的头脑工作。实践经验表明，只有始终保持头脑清醒的人，才能不断取得成绩、获得成功，才能顺利成长、日臻成熟。在年龄与能力的关系上，一个人的工作能力不是随着年龄的增长而自然提高，年龄大不等于本事大，地位高不等于水平也高了；在工作与成效的关系上，一个人肯干事是态度，想干事是热情，会干事是能力，干成事才是本事。这种本事是上级封不出来，是权力压不出来，是自己吹不出来的，只有实实在在做人、认认真真做事，才能逐步得到提高。

所以说，职场就是一所大学，由稚嫩到成熟，由入门到专业，每一步的成长都需要付出，都需要不断地努力和耕耘，静下心来，脚踏实地地做好自己的本职工作，积累能力，一定可以越来越好！

2 平凡工作也能做出大成绩

每个人都想从自己的兴趣爱好出发，找到一份自己喜欢的工作，可是在竞争日益激烈的当今职场，并不是每个人都能从事自己喜欢的职业。所以，这就要求我们职场中人，干一行爱一行，以积极乐观的态度对待工作，从自己现有的工作中寻找乐趣，爱上自己从事的行业。“三百六十行，行行出状元。”无论什么职业，什么岗位，只要你能全身心地投入，就能在平凡的岗位中做出不平凡的成绩。

近些年，全国各地共选聘了近 20 万的大学毕业生到农村一线服务群众并接受锻炼，其中许多脚踏实地的优秀青年已经成为当地农民致富的领头人，但也有许多毕业生选择了村官又不安心于村官，总觉得委屈了自己的学历，浪费了自己的才能，不能静下心来做好村官的工作，不能用心担负村官的使命，得过且过，甚至三天打鱼两天晒网，空想着哪天村官的身份会变为行政事业单位在编人员，浪费了自己的青春，愧对了大学生村官的称号。

大学生村官易振兴，2011 年 6 月从湖南城市学院毕业后选聘到益阳赫山区会龙山街道新安村任党支部书记助理、村级远程教育站点管理员。易振兴上任后，即着手建立新安村远程教育站，村、支两委高度重视远教工作，成立了村党支部书记郭正初为组长的远教领导小组，制定了相关的工作制度，同时将其纳入村级财政预算，先后配备了活动场所、电信宽带、打印机、扫描仪等配套设施。利用远程教育系统这一平台，组织观看了一些实用技术课件，开展了一系列思想教育、法律学习、技术培训活动，该系统已成为开展基层工作和加强基层精神文明建设的重要手段。

易振兴通过走访全村的党员和大部分农户，了解到很多群众在外务工经商和从事生猪养殖等生产活动后，就试着利用远程教育系统为他们寻找一些信息和技术，利用远教设备下载了一些实用技术课件，组织大家观看，没想到大受欢迎。

他还充分发挥远教系统强大功能，助推新农村精神文明建设。根据创建“五星村”活动、平安创建、综合治理、计划生育等工作需要，通过远教系统这一平台，开展了一系列思想素质教育、法律法规学习和宣传宣讲活动，远教系统的使用为当地社会主义新农村建设做出了不小的贡献。此外，还利用远教系统携带的电脑设备，使村级工作资料以及档案管理基本实现电子化，开创了村级现代化办公的良好局面。

从大学生村官易振兴身上，我们不难看出，在平凡岗位上，只要静下心来，踏踏实实做好自己的工作，一定能做出不平凡的成绩。无论你从事的是什么工作，只要用心去做，认真去做，就没有做不好的，也不可能不出成果。阜阳市的公交车乘务员答朝荣，就是一位极其曾通的员工，也是一位在平凡岗位上做出了不平凡业绩的先进人物。

新华社、人民日报、光明日报、中央电视台等中央媒体曾同时报道过阜阳市一位平凡的女性，她叫答朝荣，是一名公交车乘务员，被当地群众称为“咱们自己的李素丽”。

答朝荣对多条线路的站名、票价和换乘线路都烂熟于心，被称为“活地图”。其实，她给人的第一感觉，似与精明的“活地图”有点不相称，更像是一位憨厚的农村大嫂。

答朝荣36岁才进公司当售票员，她自认为脑子笨、记性差，上班第一天就急哭了，为了适应这个岗位，答朝荣含着眼泪把正在吃奶的女儿送到了几十公里外的娘家。俗话说“人到三十不学艺”，要记住沿途43个站名和站点周围近千个单位、街巷的情况，对于“脑筋不灵活”的答朝荣来说，其难度可想而知。她把这些站名按照顺序抄在随身携带的小本子上以便随时记忆，还利用下班时间用脚“丈量”公交车线路，对照地图标记好各站点的真实情况。长此以往，答朝荣对阜阳城大街小巷的熟悉程度甚至超过五六十岁的“老阜阳”。

“活地图”不仅赢得了同事和乘客的佩服，也让一些外地旅客对她印象深刻。一位在合肥工作的游客逢人就说：“这个人的确不错，我曾坐过她的车，服务周到又热情，简直可以改行当导游了！”另一位乘客更感慨地说：“我坐过不少城市的公交车，很少见到像你这样的售票员，你真是阜阳城的李素丽啊！”

而她自己却说，“请别喊我‘李素丽’，我感到脸红，我虽然没见过她，却打心眼里佩服她，能赶上她一半儿就知足了！”答朝荣最喜欢听老人喊她“闺女”、年轻人叫她“大姐”、小孩称她“阿姨”——“我听起来感觉特别亲切，就跟一家人一样，让你不由自主对他们好，尊敬他们、照顾他们、爱护他们……”

有一年劳动节放假期间，一个喝醉酒的男人上了车，一身泥水、满嘴酒气，裤带耷拉着，裤子前面的拉链也没拉，答朝荣本能地感到厌烦……但她又想，既然人家上了自己的车，自己就有责任照顾他，好比自家弟弟或者小孩他爸，喝醉酒回家后，自己不照顾谁来照顾？让他躺在大街上多危险呀？于是，答朝荣没有避讳男女之嫌，像个姐姐一样帮醉汉把裤带系好、把拉链拉上，又用自己的水杯倒了一杯温水递给醉汉，醉汉一口气喝完一大杯水，似乎有点清醒，眯缝着醉眼直冲答朝荣傻笑。下车时，醉汉拉住她一个劲地说："大姐，你待我真像亲姐姐呀！"第二天，这位汉子专门在终点站等答朝荣的车，掏出专门答谢答朝荣的瓜子和糖果，非让答朝荣和同车司机吃不可。答朝荣不好意思吃，汉子着急了，嚷道："大姐，您昨天那样照顾我，我真过意不去！你不吃，可是嫌我买的瓜子孬？"说着眼泪就要流下来了。答朝荣看到眼前这个汉子热泪盈眶的着急样子，自己的眼泪先流了出来，她赶紧剥一颗糖果放进嘴里，"感觉比蜜还要甜"！

阜阳市公交公司职工孙九青说："答朝荣之所以赢得众人的尊重和爱护，是因为她心地特别善良、待人特别真诚、手脚特别勤快、嘴巴也特别甜，对人对事总怀着一颗感恩的心……她是从心底把乘客当成自己的亲人，不是为了响应优质服务号召才表现出色。"

遇到老人上下车，她必定抢先一步上前搀扶；遇到抱小孩的年轻家长上车，她必定帮助找好座位后才把孩子还给他们；遇到上学的孩子下车，她一定叮嘱过马路要小心；遇到带行李的乘客，她一定主动帮乘客提行李……车辆转弯时，她提醒乘客注意安全；乘客拥挤时，她提醒乘客当心钱包；乘客下车时，她提醒乘客别忘包裹；报站名时，她总是反复多报几遍，提醒乘客别坐过站……只要一上班，答朝荣沙哑的声音就开始在嘈杂的车辆里不间断。不少坐惯了"哑巴"公交车的阜阳市民虽然不理解答朝荣的良苦用心，却都被答朝荣热情周到的服务所感动。

春夏秋冬，寒来暑往，答朝荣把她全部的热情和心血倾注到这个平凡的工作上。但面对日渐增多的各种荣誉，答朝荣很淡然。她拒绝了公司领导提出的给她换个轻闲岗位的建议。她说："站在公交车上一天，我就要做好这一天的工作，让乘客平安愉快地上班、回家。我愿意在公交车上站到退休。"

答朝荣的先进事迹足以证明，伟大来自于平凡，许多伟大的事业或成就都是通过不经意的小事不断积累而来的。平时非常普通平凡的工作，只要我们一直静下心来坚持下去，就能够取得很大的成就。

3 公司是船，你是船夫

一个公司，只有每个人都能做到“公司兴亡，我的责任”，这样的公司才能真正取得胜利，并且能够永远领先于别人。每个员工都应该把公司看成是自己的船。

如果说公司是一条船的话，那么从我们登上公司之船的那一刻起，我们的命运就和这艘船捆绑在一起了，这艘船就是我们共同的船。船的命运就是我们的命运，船的未来就是我们的未来。如果哪一天，船在航行的过程中倾覆了，我们所有的人就会葬身大海。船能否正常行驶与我们每一个人生死攸关。因此，我们必须把自己的未来交给自己的船队，也必须使它变得更加强大。

一位职员曾在一篇征文中这样写道：

那个炎热的夏天，大学毕业后，我怀揣梦想和希望，来到了刚刚崛起的一所学校，踏上了“教书育人”这条大船。

当时，我来学校，也是做了一番思想斗争，听了一些人的劝告之后，才下了决心的。那时，我内心并不是很坚定，因为该学校刚刚起步，许多人都在观望之中，摇摆之中，社会上流传的各种各样的负面言论让我不敢轻易迈步。能不能乘坐这条船，敢不敢上这条船，考验着一个人的眼光，也考验着一个人的智慧。我在犹豫中，忐忑不安地登上了这条船，心里似乎还下着一些的赌注。

虽然登上的已经是一艘不小的船，但是在我心里，我好像是在乘一叶扁舟，乘独木船。坐在船上，心里是不平静的，那种滋味是独特的，复杂的。

我坐在船上，和学校这条大船同呼吸共命运。船稍有不慎，就会出现险情，一荣俱荣，一损俱损啊！当我们现在回过头来仔细品味、咀嚼的时候，有一种说不来的味道。船驶进了激流险滩，心里绷得紧紧的，我们惊叫过，担心过。我们没有退路，只有咬着牙，挺直腰杆，小心翼翼地齐努力，共同把船驶出险滩。坐在船上，我在快速适应着、改变着自己的角色，努力寻找属于自己的位置。我渐渐明白了、懂得了：我不是乘客，更不是看客，也不是闲客。我也是这条船的主人呀！

忘不了学校发展初期的窘迫，我骑着自行车去招生，走村串户，苦口婆心，使出浑身解数。一个个家长被说动，一个个优秀的学生被我领进了学校。我为此高兴，我为此激动，我为能为学校做贡献而自豪。我至今清晰地记得，所任教的初中部，从最初的二三百人，发展到如今的六七千人，真是不可思议，太不容易啦！作为亲眼见证学校发展的一员，我深知里面的艰辛。

船终于穿越激流险滩，驶入平缓的深水地区，我们变得轻松了，愉悦了，也略略安心了。坐在船上，如今没有了当时的提心吊胆，没有了莫名的恐惧，没有了弃船而去的想法，更多的是如何保护这条船，呵护这条船。

公司的发展就像“学校”这条船一样，时时会有不如意，处处都会有矛盾，这考验着我们每一个员工。作为一名普通的职员，也许做不出惊人的贡献，但是会从心里默默地接受公司的一切，不排斥，不抵触，不叫苦，不生怨。公司是船，你就是船夫。船上人多，需要每一个人都服从船长的安排，需要大家齐心协力，更需要每一名员工无怨无悔地工作，小心翼翼地呵护着这条生命之舟，幸福之舟，让它安全地行驶，不要出现任何险情。对一名普通的员工来说，这比什么都宝贵，都重要。

日本著名企业家松下幸之助说：“我的员工要像企业家那样思考，不能只像个被雇来干活的人。”一个员工，只有把公司当成一条与自己命运息息相关的船，像企业家一样思考，像船夫一样工作，才能提升自己的能力，打造过人的业绩。

不管你是一个杰出的管理者，还是一名普通员工，都应该义无反顾地为这艘船而工作、而付出。你也会从远航中得到许多的财富，不管是物质上的还是精神上的，公司都会给你相应的奖赏。当然，奖励可能不会马上兑现，但它一定会来，只不过兑现的方式不同而已。

公司就是你的船，实际上更是一个全体员工生存和发展的平台。公司中的每个人，无论是老板，还是员工，都是在这个平台上履行着自己的职责，发挥着自己的作用。任何人离开了这个平台，就如同演员离开了舞台，无法施展自己的才华。

许多员工认为自己只是一个打工者，与公司只是一种雇佣与被雇佣的关系，把公司仅仅当成是一个完成工作的地方，甚至有意无意地将自己置于与老板对立的位置，这种心态和认识对于一个人的职业发展是十分不利的。

在一个城建公司举办庆祝活动的日子里，小荀和他的伙伴们正在某工地上干活，突然遇见前来视察工作的家乡朋友刘克安，这个时候的刘克安已经担任城建一公司的总经理。乡友重逢，他俩在酒店要了一桌丰盛的酒席，并邀请了几位小荀的同事。当饭后告别时，小荀的同事对他和总经理居然是朋友表示惊讶。小荀说，他和刘总曾经一起在工地建过楼房。

大家更是好奇，就问小荀："为什么你现在做着和以前一样的辛苦工作，而他却成了刘总？"

小荀很沮丧地说："当年，我工作只是为了一天不到三十元的薪水，而刘总却是为了这幢房子而工作。"

职场上有很多人像小荀一样，仅仅把公司当成一个完成工作的地方，工作也只是为了自己的那份薪水，他们总会盘算：我为老板做的工作应该和他支付给我的工资一样多，只有这样才公平。这种短浅的目光不但使他们的工作充满了痛苦，也会使他们丧失前进的动力。而刘克安则不同，他在小荀为了一天不到三十元的薪水而工作时就把设计建造一幢房子当成了自己的奋斗目标，把公司看成自己的船，把工作看成一个自身生存和个人发展的平台，这样，原本卑微单调的工作就成了事业发展的一个契机。

公司是员工生存和发展的平台，真正优秀的员工应当像刘克安那样，把公司看成是自己的船——一个实现自身价值的地方，始终与企业站在同一个立场上，自觉地维护公司的利益，建设和发展公司这个平台。这样，公司越来越大，越来越好，就能为员工创造更多的机会，提供更大的发展空间。

4 把工作当成事业来做

当今社会，职场中人都承担着巨大的有形或无形的压力。许多人不尊重自己的工作，对自己的工作不满意，觉得没什么意思，非常不快乐。他们认为自己是迫于无奈才选择了这份工作，或者，他们认为工作枯燥无味，完全不是自己所想象的情形。于是他们把工作当作一件苦差事，在工作中愁眉苦脸，不断叹气，在无聊中等待下班，在碌碌无为中虚度光阴，从热爱工作到应付工作，再到逃避工作，一些人的职业生涯似乎遇到了问题。

如果你只把工作当作一件差事，那么你就很难倾注你的热情，而如果你把你的工作当作一项事业来看待，情况就会完全不同。比如：业务员在拟定合同时，想的是一个几百万元的订单；通讯员写稿时，想的是给企业带来良好的信誉；化妆师为新娘子化妆的时候，把它当作一件艺术品来创作……还会有人认为自己的工作枯燥无味吗？

把工作当作一项事业来做，把自己的职业生涯与工作联系起来，你就会觉得自己所从事的是一份有价值、有意义的工作，并且从中可以感觉到使命感和成就感，从而彻底改变浑浑噩噩的工作态度。因此，如果要想真正从工作中获得快乐，我们就该把工作当作是一种事业，而不是当作一种刻板、单调的苦差事。其实，在日常工作中，每一件事都值得我们去做，不要小看自己所做的每一件事，即便是最普通、最简单的事，也应该积极主动、全力以赴、尽职尽责地去完成。小任务的顺利完成，有利于你对大任务的成功把握，进而一步一个脚印地向上攀登，最后走向成功的彼岸。

有人曾问：中学历史老师纪连海是如何走上央视《百家讲坛》的？又如何创造了《百家讲坛》那么高的收视率？他到底用什么“武器”在诸多学者专家中脱颖而出？他如何使有争议的历史人物再次放出人性的光芒从而深深吸引着亿万观众？他自己曾这样回答：“我没有什么秘诀，自己只是把教师职业当成事业来做。在我看来，工作有两种：一种是职业，一种是事业。而当中学教师就是我的事业，而不是职业。”

纪连海虽是一名中学教师，却绝不是一名普通的中学教师，因为在上《百家讲坛》之前，他在北京城里就已经小有名气了，并因为学生优异的高考成绩而被评为北京市骨干教师。也正是他闻名全北京的激情讲课方式，以及独特的历史教学方法，才引起《百家讲坛》节目组编导的注意。编导把电话打到了他的办公室，把他请上了《百家讲坛》。纪连海说：“在《百家讲坛》来找我之前，我并没看过这个节目。我想他们看中的是我的激情。我当时去试讲了一期林则徐，结果让现场的人很震惊，因为我尽量从细微的小事入手，使所讲的每一个历史人物都是活生生的”。

纪连海在讲课时，对教材尽可能地大胆取舍，连最枯燥的经济史都可以被他讲得生动有趣。“我一直在试图寻找一个平台，在这个平台上，让孩子们喜欢历史，并喜欢学习历史。如果这个目标能够达到，我宁愿不去做什么研究者，而是做一个普及者。”纪连海说。

纪连海浑身上下都散发着学者不羁的个性，不管是讲袁崇焕时的泪流满面，还是讲多尔衮时的痛心疾首，激情是其制胜法宝。“历史老师做久了，没激情学生要睡觉啊！别看在讲台上站了这么多年，但我总是不够自信，一看见学生睡觉，我就会想，为什么他会睡着了呢？得出的结论就是：他不是一个差学生，而我却是一个差老师。所以我一定要努力不让任何一名听我讲课的学生睡着。”纪连海说。

为了对历史教育的这份理想和责任，纪连海还不断地学习、充电。他认为，要把课讲得有趣，需要教师不断地读书学习，扩

大知识面，“我就是一个‘杂家’。早在上大学时，我就涉猎广泛，当时每个月都花好几十元钱买书。我借书从来不超过一天，不管多厚的书，我一晚上一定要读完。现在我两只眼睛算完了，一只 1400 度，另一只 1500 度，几乎成了‘盲人’”。

一位美国著名管理学家说，把职业当工作，往往一事无成；把职业当事业，往往成就非凡。纪连海的成功，正好印证了这一点。

的确，如果你把职业当职业，你想到的就是一份工作，一种谋生的手段，就是挣钱养家，你可能会因为工作压力、待遇不公、升迁无望等而生出诸多的怨言和愤懑，也会有不如意、不称心的感觉。于是你的工作就变得无奈、被动、消极，即便轻松也痛苦。而当你把职业当作事业时，工作便成了自己生命中不可缺少的一部分。你会愿做、想做，会有强烈的求知、求好欲望。在工作中，你就会主动开拓、奋发进取，充分发掘自己的潜能，追求生命价值的实现，即便辛苦也快乐。

你更不会为得失所困，不会为名利所累，也不觉得有工作之苦。一切不顺利你都会坦然面对，你的生活也就处处充满了阳光，其结果自然与前者大相径庭。

工作中，常常有员工抱怨自己的工作枯燥乏味、领导管理和考核严厉、自己薪金太少等，抱怨多了进而转化为对企业、对领导愤愤不平，感到自己无人赏识，自身才能没有用武之地。然而他忽略了一个基本认识：领导交给你的工作完成得如何？工作成绩怎样？“一屋不扫，何以扫天下”，一个企业员工如果连现在从事的最基层的事情都干不好，又如何能做出对企业有益的事情呢？

每逢节假日单位加班，有的员工急企业所急，以多为企业做贡献为荣，即使天天因为工作忙而需要加班，经常熬更守夜也不叫苦且乐此不疲；有的员工则牢骚满腹，消极怠工。即使偶尔加一次班，嘴里也叫苦不迭。所以作为企业里一名员工，你是真正融入到这个企业，把自己当成其中一员从而为她欢喜为她忧愁，还是仅仅把自己当成一名匆匆过客，凡事漠不关心？人性中有很多弱点，如贪图享受、容易满足、回避困难、懒散、傲慢等等，如果没有把企业当作家、把本职工作当作事业去做的信念，这些弱点可能就会凸显出来，最终影响到个人和企业的发展。

把工作当作事业来做，才能成为事业赢家。某知名企业家说过这样一句话：我的员工中最可悲也是最可怜的一种人，就是那些只想获得薪水，而其他一无所知的人。如果将工作当成自己的事业，一个人就会因此而迸发出无穷的热情与活力，潜能也会得到最大程度的发挥。在自己不懈的努力下，每一次小小的进步，都会收获不小的成就感，继而信心越来越足，不断超越自我，取得更大的突破，职业幸福感也随之提升，这时的工作已经不再枯燥，而是一种快乐。最终，在不知不觉中收获了报酬和荣誉，成为真正的事业赢家。

5 不为眼前利益所迷惑

曾经有这样一句话：知道自己能够做些什么，这说明你在不断地成长，知道自己不能够做些什么，这说明你在不断地成熟。人在职场，纵然有太多的形形色色的诱惑，只要静下心来，从容淡定，面对诱惑时，就不会迷失自己。

有这样一组漫画：

> 四只猫在一起吃饭，三只猫把鱼吃光了，它们正摸着圆圆的大肚子。面对着这三只猫的嘲笑，第四只猫仍然在坚持抓老鼠。

这组漫画意义深刻：三只吃现成饭的猫有些懒惰，它们是猫，本应该抓老鼠，而它们却吃着现成的美味食物。它们虽然看似过得很潇洒，但是，眼前的利益是一时的，而本领却是一生的。懒猫们终究有一天会为此付出代价。

所以，不管何时，我们都不能被眼前的利益所迷惑，要有长远的眼光。如果我们像那三只猫一样懒惰，只图眼前的利益，那我们就会错失追求美好人生的机会。

许多年前，有300多条鲸鱼为了追逐沙丁鱼，由深海游向海湾，又由海湾游向浅滩，最后搁浅在海滩上。这些鲸鱼只顾到眼前的美味，却不知这美味之后隐藏的却是死亡陷阱。它们因为追逐小利而暴死，为了微不足道的目标而空耗了自己的巨大力量。

作为一名员工，切记不要因为过于关心眼前利益而影响将来的发展，职场就如同一场马拉松比赛，短跑强将未必会成为最终的胜利者。立足于眼前，并能着眼于未来的人，才是最后收获成功的人。

特别是对于初入职场的年轻人来说，千万不要对工资过于计较，更不要抱有“管理者给我多少钱，我就给管理者干多少活”的消极态度。作为企业而言，恰恰是要根据贡献程度付给员工相应的酬劳。倘若过于重视一时的工资收入，便会失去他人和企业对你的信任和好感，从而错过很多重要的发展机遇。

刚从广播学院毕业的项汝，鼓足勇气来到当地的电视台求职，当时电视台没有名额，不需要招人。可是，项汝并没有因此泄气回家，而是央求留在传达室干杂务，做义工，不要工资。扫地、打水、搞卫生她全包了。项汝干活麻利，十分勤快，大家都很喜欢她。后来，电视台领导见她这么努力，就破例让她上镜试播，这一试，果然就成功了，项汝由义务工变成了该电视台的节目主持人。

企业中像项汝这样的员工确实不多，很多员工只看重眼前利益，他们的工作目标就是多挣工资。这些员工表面上看好像很“精明”，但从长远来看，却损失“惨重”：他们逃避工作、推卸责任，整天为眼前的工资伤脑筋，却看不到工资背后更为珍贵的东西，因此错失了许多成功的机会。这其实是现代版的“买椟还珠”，拿到了薪水，却失去了自己的前途。也许这些人正在为少干一些工作而沾沾自喜时，管理者也打消了为其升职、加薪的想法，因此丢掉了获得成长、提高技能和积累经验的机会。

追求利益是人之天性，但利益有长远大小之分，很多时候眼前的利益未必就是最大和最好的。遗憾的是，很多职场人为了一些眼前的小利益而花费很多的时间和精力。事实上，为了获得更多，我们有时候必须放弃一些东西。

一个小伙子非常羡慕一位成功人士取得的成就，于是他跑到成功人士那里询问成功的诀窍。

成功人士弄清楚了小伙子的来意后，什么也没有说，转身到起居室拿来了一只大西瓜。小伙子迷惑不解地看着，只见成功人士把西瓜切成了大小不等的3块。

“如果每块西瓜代表一定程度的利益，你会如何选择呢？”成功人士一边说，一边把西瓜放在小伙子面前。

“当然是最大的那块！”小伙子毫不犹豫地回答，眼睛盯着最大的那块。

成功人士笑了笑：“那好，请用吧！”

成功人士把最大的那块西瓜递给小伙子，自己却吃起了最小的那块。小伙子还在享用最大的那一块的时候，成功人士已经吃完了最小的那一块。接着，成功人士得意地拿起剩下的一块，还故意在小伙子眼前晃了晃，然后大口吃了起来。其实，那两块加起来要比最大的那一块大得多。

小伙子马上就明白了成功人士的意思：成功人士吃的那两块分开看都没自己的大，但总量却比自己的多。也就是说，成功人士赢得的利益比自己的多。

最后，成功人士语重心长地对小伙子说道：“要想成功就要学会放弃眼前利益，才能获得长远大利，这就是我的成功之道。”

可见，放弃眼前的一些小利益并不可耻，更不是遗憾。“塞翁失马，焉知非福”，失去是为了得到更多，只有学会放弃，才能获得长远大利。所以，每个职场中人要想成功，就要先学会放弃眼前利益，舍得放弃眼前利益，这样，你才能走出一条与众不同的职场成功之路。

在企业里，不会权衡“眼前利益”与“长远利益”的人有很多，某些人经不住诱惑，在金钱面前失去了头脑，这山望着那山高，动不动就跳槽走人，还以为自己活得很潇洒，其结果就是把自己变成了漂浮不定的浮萍，终日无根无基似地晃来晃去。这正应了那句流行的话：今天工作不努力，明天努力找工作。

而懂得“眼前利益”与“长远利益”关系的职场人，在金钱这方面也很会理财，他们不会用钱来实现自己的欲望，不管在什么情况下，都会有最明智的选择。

总之，眼前利益只是暂时的，要想成功，还要做长远的打算，不要因小失大为眼前利益所迷惑。

6

浮躁是敬业的天敌

“浮躁”已经成为当今社会的一大特征，在宁静和浮躁之间，人们更容易被后者俘获，因为似乎浮躁离成功更近，离财富更近。

追求利益本是人的天性，利益本身是中性的，但追求利益的方式却反映着追求本身的高低，反映着追求者的心态。缺乏耐心，不择手段，甚至失去底线，在利益的蛊惑下，在浮躁的挟带中，追求者在一步步丧失自我。错位的价值观，盲目的追求，注定会导致更多悲剧的产生。一些所谓的成功人士，在将自己的利益最大化的同时，将自己最小化；在将物质财富丰富起来的同时，让精神世界干瘪下去。

丰富的物质不能让人获得长久的安定，内心的满足与丰富才能让人更富足、更快乐。我们在追求财富，享受物质的同时，必须注重寻找内心的力量，得到精神的满足，建立自己的精神家园。这样才能让自己达到身心合一，才能让物质与精神平衡和谐。在物欲横流的社会中，更需要人们给自己一份定力和坚守，学会拒绝浮躁，审视自己的内心，坚守朴实的价值，给心灵一片和谐滋润的绿地。

然而，很多人在浮躁的情绪中，让自己离成功越来越远。

一位大学毕业生应聘于一家公司搞产品营销，公司提出试用三个月。在这三个月中，他起早贪黑全力工作，而且颇有业绩。当三个月已过时，公司却迟迟没有与他签合同，他恼怒于公司没有正式聘用自己愤然提出辞职。公司一位副经理请他再考虑一下，他越发火冒三丈，说了很多过激的抱怨话。对方终于也动了气，明明白白地告诉他，公司不仅已决定正式聘用他，还准备提拔他为营销部的副主任。由于他这么一闹，可想而知，这家公司也就不会再去聘用他了。

冷静处事，淡定、务实、不浮躁，是为人有素质的体现。“静而后能安，安而后能虑，虑而后能得。”这个“得”字，才是卓越员工对工作的追求。

在我们浮躁的时候，会感到身心疲惫，没有耐心，会突然茫然不知所措。浮躁的人，不能艰苦创业，不能脚踏实地，不能励精图治。浮躁还会使人失去对自我的准确定位，使人随波逐流，盲目行动，失去对家人朋友的责任感。一个浮躁的人，会变得焦虑不安或急功近利，最终会失去自我。

生活中，我们经常看到一些人，做事缺少恒心，见异思迁，急功近利，不安分守己，总想投机取巧，成天无所事事，脾气大。面对急剧变化的社会，他们不知所为，对前途毫无信心，心神不宁，焦躁不安。由于焦躁不安，情绪取代理智，使得行动具有盲目性，行动之前缺乏思考，只要能赚到钱，违法乱纪的事情都会去做，这是要不得的。

在这种浮躁心态下，不少职场中的年轻人不安心于现有的工作，往往这山看着那山高，跳槽成了家常饭。虽然人才自由流动是一种良好的用人机制，但对一个人来说，太过频繁的跳槽并不见得是一种好现象。因为他们日常思量的不是把现有的工作做到最好，而是反复寻觅有什么机会可以跳槽。这么做于人于己都不是什么好事，对个人发展不利，也不能为企业做出什么成绩。

浮躁是敬业的天敌，是一个人成功的大敌，在追求成功的道路上，容不得半点浮躁心态。这是因为成功往往不会一蹴而就，而是需要一连串的实际行动，还需要坚持不懈投入热情，通常也包含着某种时间因素。浮躁往往会伴随着我们一生，我们一生都会在自觉或不自觉地同浮躁做斗争。做官浮躁，势必成庸官；做学问浮躁，势必一事无成；做员工浮躁，势必为人浅薄，难有进步。只有战胜浮躁，我们才能够真正主宰自己。

身为职场中人，怎么克服浮躁，有必要先知道浮躁产生的根源，好从源头下手，切除祸害。浮躁的滋生主要有以下几个原因：

首先,理想与现实的脱离。虽然当前的就业形势严峻,但在工作上仍然会出现一些比较理想的想法。一旦发现现实与他们所想象的理想的工作存在很大的差距,于是,就会出现一些跳槽的现象。

其次,急于求成的心态。初入职场的人往往会非常积极,充满工作激情。刚工作时,都有雄心壮志,希望在工作中尽快脱颖而出,走上管理阶层。然而,一旦自己在短期内的努力没有马上得到回报,就会认为这公司不重视人才。殊不知,领导在对你考查一段时间后,才会让你从事更多的更重要的工作岗位,但由于自己急于求成的心态,让成功失之交臂。

最后,是职业"围城"的心态。职场中,很多人都表现出对目前工作的不满,但同时又对别人的离职特别不理解,认为还不错的工作怎么会离职,这就是一种"围城"的心态。当出现这种浮躁心态的时候,要认真思考,究竟是自己的问题还是企业的问题。沉下心来,踏踏实实地干一段时间,当真正地融入到企业里干一段时间后,也许你会重新找到自己的定位,发现自己的价值。

如何才能克服浮躁心态,尽快地进入工作角色,可以从以下几方面着手:

(1)做好职业规划

一些员工工作一段时间后,发现自己其实不喜欢这种工作或这种工作不适合自己。这说明很多员工的职业选择是盲目的,没有做好职业规划,才会出现这种情况。平时,我们可以通过一些专业的机构,或者周围的老师和朋友给自己提供的一些建议作为参考,更关键的是认真做自我分析,弄清楚自己到底喜欢什么,追求的终极目标是什么,自己适合干什么。尽可能地把自己的目标和自身的职业兴趣有机地结合起来,达到两者的统一,这样,无论是对企业还是个人都是一个双赢。

(2)了解公司的发展战略

只有从更高的层次去了解公司,从战略发展的角度去看公司,你才能够对公司充满信心,也会找到自己的定位和今后努力的方向,这样个人目标和公司目标就会有机融合到一起,与公司共同成长。

(3)融入公司,创造良好的人际环境

对于某些员工来说,在短期内离职的原因很大程度上是因为在公司工作得不快乐。熟悉环境,建立和谐的人际关系,在10天内认识你同部门的所有人，在30天内认识与你工作有关的绝大多数人，以20人为底线。不仅仅是你认识他们，更重要的是让他们认识你，这个并不容易。在最短的时间内能够成为这个大家庭中的一员，体会到和大家相处的快乐，为自己搭建一个良好的人际平台，利于今后工作的开展。只有当新员工融入到企业中，才能够创造出一个快乐的环境，才能在这种环境中体会到快乐。

(4)进入工作

在工作中，打杂、遇到的意外情况、打交道的客户、甚至是别人推过来的杂事，等等，都是有益的机会，能为你带来操作经验和小小的成功体验，甚至会带来表现的机会。别去思考哪些是分内事，哪些是分外事，力求干好任何一件小事，哪怕是发传真。

在任何一个行业、领域里，无论什么时候，最终能成大器的，一定是那些不浮躁、可以静下心来好好工作的人。

7 淡定才能笑傲职场

人在职场，需要淡定，只有保持淡定才能笑傲职场。

职场的职务不同，意味着薪水、福利、所做的事情等都不同。比如，明明那人整天在公司就是闲着东逛西逛的，但偏偏人家的工资比自己要多得多，而自己整天忙得不可开交，却依然只是拿着和公司新人一样的薪水，心里那个不平衡啊……诸如此类的现象很多，这就需要淡定的职场心态。

有这样一个故事：

有一个年轻人，受到流言蜚语的困扰，感到非常的苦恼。他千里迢迢来到燃灯寺，对寺里的释济大师说："大师，我从来都是一心读书耕作，不喜招惹是非。可是不知道为什么，总是有人诽谤、诋毁我，忍耐到现在我实在受不了了，我不知该怎么办，想出家为僧躲避这些是非，请大师您千万收留我！"

释济大师闻言，微微一笑，对他说："施主何必心急，不如随老衲到院中捡一片净叶来，那样你便知道自己的未来了。"说完，释济大师带年轻人来到寺中一条小溪边，顺手从菩提树上摘下一枚菩提叶，并叫一个小和尚取来了桶和瓢。他拿着树叶对年轻人说："施主就像我手中的这枚净叶，远离红尘，不惹是非。"说着又将叶子丢进桶中，指着桶说："可现在施主遭受诽谤、身陷是非，又像这枚净叶陷在桶底。"

年轻人点头叹道："大师说得对，我就是这枚树叶呀。"

释济大师弯腰从溪里舀起一瓢水，一边说："这是对施主的一句恶言诽谤，企图打沉你！"一边将那瓢水猛地浇进了桶里，只见那枚树叶在桶中晃荡了一会儿，便静静地漂在了水面上。接着，释济又从溪里舀起一瓢水，再次猛地浇进了桶里，又说："这还是一句对施主的恶言诽谤，依然是企图打沉你，施主请看树叶会怎样呢?"年轻人低头看着桶中的树叶，树叶晃荡了一会儿，还是漂在水面上。释济重复了几次浇水的动作，可树叶丝毫不受"诽谤"的损害，始终漂在水面。年轻人似有所悟。

释济大师终于说："无论流言蜚语如何来袭，净叶都不会被击沉，反而会借助这力量渐渐漂升，一步一步远离桶底。最后，净叶的命运会如何呢?"释济又一次往桶中倒水，但见那枚菩提叶随着水的满溢终于浮出了桶面，漂到了桶下的溪流里，然后随着溪水悠悠地漂走了。"它将跳出陷阱，漂向远方的大河、大江、大海，拥有更为广阔的世界！"

年轻人恍然大悟，高兴地说道："大师，我明白了，一枚净叶是永远不会沉入水底的。流言蜚语、诽谤和诋毁，都在淡定面前无可奈何。"释济大师欣慰地笑了。

事实上，职场中不公平的事情有很多，此时如果淡定，那么我们在职场就会真的像案例中的年轻人一样，苦恼至极，消极厌世。

"淡定"这个词很妙，它代表着一种平稳、不易波动的心态。大多数时候，"失去"或"得不到"能够使人不那么淡定。比如看见比自己优秀的人老在自己面前晃来晃去；失去了和某个大客户的订单；别人加薪升职了，却永远没有自己的份；被领导批评了；失宠了；求职失败了，等等。太多的事情往往使人产生负面的情绪波动，无法控制自己的情绪。当然，"得到"也会让人的情绪失控，从而无法淡定。中学课本里的"范进中举"，就是一个喜极而癫、无法淡定于"得到"的最佳例子。

一句话，淡定指的是内心不容易受到来自外界的影响，是内心无比强大的表现。职场上很多情况变化太快，内心不够强大就容易患得患失。若能少受外界影响，凡事就能淡定从容，就很容易看清楚很多事情的真相。"旁观者清，当局者迷"，旁观者为什么清？那是因为旁观者可以理性地看待这件事情，所以可以理智地分析整件事情。

所以，职场中遇到挫折时不要随便责怪他人，应先从自己身上找原因，找解决办法；如果总是怨天尤人，遇到挫折或出了问题，一味抱怨老天、命运，责怪别人，这就是极不淡定的表现。

怎样才能做到淡定从容，从而笑傲职场？有一位职场心理咨询师给我们列出了以下几点：

(1)静。少说话，多倾听。因为爱说话的人，本就失去了一分宁静的美。而且，言多必失。有句话说得好："三思而后行，三思而后言。"即使是在网络这个靠语言交流的平台上，多言也会让人讨厌的。想说话了，就对自己说，"先想一想，看能不能说。"

(2)缓。有句训诫为：讷于言而敏于行。在某种情况和某种环境下，应该是，讷于言而缓于行。缓还有个好处，就是可以在别人失败的基础上，走成功的捷径。职场不是商场，如果太能干，会成为别人嫉妒和防备的对象。

(3)忍。面对不公，别气愤，别宣泄。一来气愤伤身体，二来气愤不解决问题。"有肚量去容忍那些不能改变的事，有勇气去改变那些可能改变的事，有智慧去区别上述两类事。"这是成功者要具备的三个素质。既然有些事情不是个人能力所能作为的，何不冷眼旁观呢？宣泄不满，只会让旁人看戏。

(4)让。大是大非，不能退让，但小事情，尽量听别人的意见。无伤大雅的事情,能按别人的意见办的,就不坚持己见。退一步,海阔天空。而且如果是按别人的意见办的,错误也就有所分担。

(5)淡。一切都看淡些。对名利,对金钱,看淡一些。这世上没有离开了就不能活了的东西。得失也是辩证的,你在这方面损失了,你的心灵会得到释放,会有机会去尝试别的选择。越是看得淡,就越是心灵平静,就越能体会平凡的幸福。

(6)平。平是平凡,平淡,平衡。有棱角的坏处,就是让别人咬起你来很容易下口。尽管平凡的人没有什么色彩,但往往生存的时间最长。人要活得精彩,首先是要能活下去,而不被踢出局。再说,生活和工作也要平衡,不能弄得一团糟,不能顾此失彼。

8

沉着冷静,戒除浮躁

古往今来,欲成大事者必须沉着冷静,戒除浮躁。只有沉得住气,积蓄力量,方能临机发力,一举克敌,获取胜利。但说起来容易,真正做到的很少,在紧要关头,偏偏忍不住,而是意气用事。相反,如果能忍得住,也能狠得下心委屈自己,那自然稳操胜券了。

人在职场,同样要有宽广的胸襟,形势不利时就要容下难容之事,忍住一时之气,为长远考虑;而沉不住气,时机未成熟就贸然行动,只会使自己败得更惨。

一位青年由于家庭贫困辍学,但他有一个妹妹,成绩优异,不上大学实在可惜,为了能让妹妹上大学,他来到工地挖隧道,不料第一次走进隧道就遇岩石塌方……

当时局面难以控制,有人大放悲声,有人想往岩石上撞,近

乎疯狂。他也差点控制不住自己，刹那间他想了很多，首先想到了死——但若自己完了，妹妹也会辍学，父母会悲痛欲绝。他镇静了一下，决定试着控制局面，他努力使自己的声音变得很沉稳："想活命吗？想活命就听我的！"黑暗中的几个人渐渐安静下来。

这时他又向被困的四个人发号施令：

一、被困的四个人必须听他指挥。

二、外面肯定在组织救援，但需要时间。

三、休息睡觉，因为累死也搬不动那千斤重的大石头。

四、隧道里到处都是水，有水就能活十几天。不过他还是隐瞒了一件事情，就是他进隧道时带了两个馒头，现在已成无价之宝。

可是等到第三天过去了，隧道里还是没有一丝光亮，他把其中一个馒头分成四份给大家吃。第五天，终于听见隧道外隐约传来钻机风镐的声音。他赶紧把最后一个馒头分成四份给大家吃，然后大声命令四个人拿起工具拼全力往巨石上敲击……

几个劫后余生的人躺在病床上怎么也不会相信，那个沉稳威严，组织大家出来的人竟然是一个毛头小伙。事后他说："冷静，在紧要关头，只有冷静救得了你。"

凡事要冷静，要沉得住气，因为时间可以改变很多东西。我们在遭遇挫折时要沉得住气，在顺风顺水时，也要拿得住自己，沉得住气。低调一些，免得树大招风，生出一些不必要的事端来。这样做的好处就在于可以少一些绊脚石，让自己的路走得更稳健一些。

有些人天生具有大将风度，他们面对任何情况都能够做到冷静应对，不慌不乱。与他们相比，那些临事手忙脚乱，不知所措的人就显得不够成熟。没有人能够把一件事情从头到脚考虑好了才动手做，在事情的进程中，总会出现各种各样的问题。面对紧急场合，也许你没有任何心理准备，但你必须迅速地开动脑筋，想出解决的办法。

马辛利任美国总统时，因一项人事调动而遭到许多议员政客的强烈指责。在接受代表质询时，一位国会议员脾气暴躁、粗声粗气地给总统一顿难堪的讥骂。但马辛利却若无其事的一声不吭，任凭这位议员大放厥词，然后用极其委婉的口气说："你现在怒气该消了吧？照理你是没有权力责问我的，但现在我仍愿意详细解释给你听……"那位气势汹汹的议员羞愧地低下了头。

的确，我们在工作中，遭到别人的指责和抱怨的事会常碰到。遭人指责抱怨，是件极不愉快的事，有时会使人觉得很尴尬，尤其是在大庭广众面前受到指责，有时更是不堪忍受。但无论你遇到哪种情况的指责，都可以从容不迫，泰然处之。为摆脱被指责的尴尬局面，你不妨采纳以下建议：

(1)保持冷静

被人指责总是令人不愉快的，面对使你十分难堪的指责时，你要保持冷静，最好暂时能忍耐住，并做出乐于倾听的样子，不管你是否赞同，都要待听完后再作分辩。因对方的一两句刺耳的话，就按捺不住，激动起来，硬碰硬，不仅解决不了问题，还易将问题搞僵，由主动变为被动。

(2)让对方亮明观点

有些指责者在指责别人时，往往似是而非，含糊其辞，结果使人不知所云。这时，你可向对方提出讲清问题的要求，态度要和气，如"你说我蠢，我究竟蠢在哪里"或者"我到底干了什么傻事"，以便搞清对方究竟指责和抱怨你什么，让对方及时亮明自己的观点或看法。这一策略往往能有效地制止指责者对你的攻击，并能将原来的敌对关系转变为彼此合作、互相尊重的关系，使双方把注意力转向共同感兴趣的问题。

(3)消除对方的怒气

受到指责，特别是在你确实有责任时，你不妨认真倾听或表示同意对方对你的看法，不要计较对方的态度好坏，这样，指责完毕气也消了一半。即使当你确信对方的指责纯属无稽之谈时，也要对其表示赞同，或者暂时认为对方的指责是可以理解的。这会使对方无力再对你进行攻击，相反，你却可以获得更多的机会和时间进行解释，从而消释对方的怒气，使隔膜、猜疑、埋怨和互不信任的坚冰得以化解。

(4)平静地给恶意中伤者以回击

也许，大多数指责者并不是出于恶意而指责别人的。但是，在现实生活中，确有极少数人为了其个人目的而对他人进行恶意中伤的。对于这样的寻衅挑战者，应该坚定地表示自己的态度，不能迁就忍耐，更不能宽容而不予回

击，但应注意适度，以柔克刚。这样，会使你显得更有气魄，更有力量。

沉着冷静是卓越员工的必修课，是职场人最基本的素质。在各类工作中，要学会沉得住气，循序渐进地做事。凡事不可浮躁，不可贪大，不可急于求成。成功要一步一步地来，做事前首先要安下心来，从最微小的部分，踏实地做起，这样才能积累出宝贵的经验。

许多员工在工作中往往感到心浮气躁，是因为他们太急功近利、好高骛远，想一口吃成个胖子，这都是不冷静的表现。他们不能安于生活的平淡和寂寞，他们更相信机会主义，想立竿见影得到回报，总是静不下心来。对于刚从象牙塔里走出来的职场新人来说，就业的压力迫使他们急于想得到成功，尚未在社会摸爬滚打之前，他们就为自己制订了半年计划或一年计划，对职位与薪金的期待也直线上升。有案例研究指出，半数以上的职场新人不能适应环境，频频跳槽，主要的原因之一是心态不好、心浮气躁、急于求成。

2006 年德国世界杯半决赛，当加时赛进入到第 118 分钟时，德国队和意大利队已在球场上厮杀了两个小时。就在即将开始点球比拼之时，意大利队格罗索接到皮尔洛的传球，关键性地进了一球。一分钟之后，格罗索再次带来绝杀，意大利终场前三分钟连进两球，最终以 2∶0 的骄人战绩淘汰了东道主，跨入世界杯冠军决战大门。

球迷们都知道，终场最后 10 分钟是进球最多的时段，并且大多具有扭转乾坤的作用。在 1998 年法国世界杯，64 场比赛中也有 34 个进球是在这个时段产生的，2002 年韩日世界杯最后 10 分钟出现过 25 次这样的奇迹。

球场上的冷静绝杀给球迷们带来的是无限的惊喜与激动，如果职场人士，尤其是职场新人把队员们对比赛的沉着冷静运用到职场，不到最后一刻不放松、不被急躁的情绪影响，能够踏实下来静心等待时机，一定会有意想不到的收获。

第二章

静下心来，一心一意不折腾

人一生有许多时候做的都是毫无意义和没用的事情，做那些没用和没意义的事就是瞎折腾。在折腾中，我们浪费了大量宝贵的时间和精力；在折腾中，我们的财富也随之受到巨大损失；在折腾中，成功离我们越来越远。因此，“少点折腾，干点正事”已成为我们职场中人在工作中的共识。而要不折腾，一心一意是关键，那些成功人士的成功经验就是：专注目标，放弃折腾。

1

专心是做好工作的前提

一个人的生命是有限的,能力是有限的,但梦想却是无限的。因为有限的时间和能力不可能创造无限的梦想,所以说,专心是做好工作的前提。

职场也是如此,你如果这也想做,那也想做,看见别人成功就想效仿,看到别人高薪就想跳槽,这样的员工必定会最终一事无成。因为你不是在按照自己的人生规划做事情,你缺少专注。在职场中,其实多数人的失败不是因为能力太差,很可能是因为能力太好,学的东西太多,很多的事情都可以做得来,在机会面前无法决策,往往经不起外界的诱惑。于是就不断地换行业,换企业,最后随着时间的推移,你发现自己做的事情很多,但是真正做好的事情很少。因为你有更多的选择空间,所以每次遇到困难你就转向了,跳槽了,这样你的能力得不到增长,成绩也做不出来。

有人说,人的一生成功与否,关键在于职业向导。人生在成长期是做加法,但是在发展期必须做减法。因为成长期做加法是为了提升综合素质,发展期做减法是为了缩小竞争领域,提升竞争实力。不怕千招会,只怕一招精。因此成功的关键在于一生做好一件事。比如蒙牛集团董事长牛根生之所以成功,就是因为专注,一生做好一件事:养牛,做牛奶,一生与牛打交道。牛根生真牛,把中国牛奶卖向全世界。

我们也不妨问问自己,你的一生要做什么呢?

只有做你喜欢做的事,做你能做得到的事,做对自己和社会有益的事,你才会成功。只要你坚持在你喜欢的领域里奋斗一生,一定会有所成

就。非常遗憾的是，我们有多少人能够克制自己，一生只做一件事？

2004 年 12 月，数学大师陈省身逝世，走完了他 93 岁的人生。在纪念他的文章中发现，他有一个信条："一生只做一件事。"他对人说：自己只会做一件事，就是研究数学。并且他要求自己：一生做好一件事。他爱数学，有一个原因是：数学简单，只要一张白纸和一支笔就行。不论外界如何浮躁，面对一道道数学题，面对白纸或黑板，他就会如老僧入定一样，把这个尘世都摒绝于外。于是，他的一生获得了最大的成功，他的生命能量发挥到极致。杨振宁曾说，陈省身是可以和欧几里得、高斯和嘉当并列的数学伟人。

多梅尔是法国马赛的一名警官。为了缉捕一名杀害女童埃梅的罪犯，他查了十几米高的文件和档案，打了三十多万次电话，足迹踏遍四大洲，行程达八十多万千米。多年来，由于他的心思都放在追捕凶犯上，两任妻子都先后离他而去。

经过 52 年的漫长追捕，他终于捉住了凶手，而此时，他已经 75 岁了。他兴奋地说："小埃梅可以瞑目了，我也可以退休了。"

有记者问他，这样做值得吗？他回答说："一个人一生只要干好一件事，这辈子就没有白活。"

多梅尔用自己的专注，完成了自己的夙愿。当下，员工专注做事的太少，而急于成功、喜欢跳槽的员工却太多。不少人跳来跳去，最终一事无成。相反，那些一心一意做好一件事的员工，或许能赢得更多的掌声，一步一步走向卓越。

由此可知，在办事情做工作时，集中精神是最重要的。如果你在工作或学习时不能认真地集中注意力，那么你无论做什么样的事情，都很难取得进展，自然就无法从中获得丝毫的满足感和快乐。若一个人无法把所要关注的对象时刻放在心上，或者无法把没必要集中的对象驱逐于脑外，是很难做好事情的。

每个员工都要充分认识自己，了解自己的强项与弱项，真正做到扬长避短。因为生命太短暂，要想有所得必须有所失，懂得放弃的才能得到。过分计较得失的人，必将一事无成。所以我们一定要专注、专心，把自己所做的工作做精、做透、做好。

当然，我们提倡的学会集中精神，是指每一次只做好一件事，把精力集中于正在做的那一件事情上。但是，如果一天之中还有空余时间，还是可以多做几件事情的。我们只是强调，尽可能不要同时做两件或两件以上的事情，否则，即便你花的时间再多，也可能一事无成。

2 三心二意势必一事无成

卓越员工都是工作起来十分专注的人，从不三心二意。

什么是专注？专注就是在一定时期内，我们的工作重点、工作中心只有一个，我们要想完美、快速地达成目标，就只有盯着这个目标，以无比专注的注意力去实现它。在此过程中也许会有更加诱惑的事情出现，也许会有诸多杂事缠身，但这些都不是重要的。我们始终清楚我们的重心所在，始终以坚定的专注力去实现我们的目标，这样才能更加容易地实现我们的目标，收获我们想要的结果。否则，三心二意、心猿意马，那么你将瞎忙一场，重新回到原点。

专注的员工都是珍惜时间的高手，那些全身心投入工作的人，从来都不会主动和别人海阔天空地闲聊。因为他们不希望自己宝贵的时间就这样白白浪费，他们想用这些有限的时间去做些有意义的事。

专注不仅是对自己的负责，也是对别人的负责。在工作中能够专注、一心一意的人，往往能够比那些杂事缠身、工作起来三心二意的人收获更多。

有一天，一只小猴子下山来。它走到一块玉米地里，看见玉米结得又大又多，非常高兴，就摘下一个，扛着往前走。小猴子扛着玉米，走到一颗桃树下。它看见满树的桃子又大又红，非常

高兴，就扔了玉米去摘桃子。小猴子捧着几个桃子，走到一片瓜地里。它看见满地的西瓜又大又圆，非常高兴，就扔下桃子抱了一个大西瓜。过一会又看到一只小兔蹦蹦跳跳的，真可爱。它非常高兴，就扔下了西瓜去追小兔，但小兔跑进树林子不见了。小猴子只好空着手回家。

做事没有目标，不能专注，三心二意，就会像这只小猴子一样，到头来只能瞎忙一场，空着手回家。

国内某励志专家做过一次调查，在老板最不喜欢的10类员工中，三心二意的员工排在第五。“身在曹营心在汉”，处于一个公司不能安心工作，这山望着那山高，随时准备跳槽，这是大忌。对有这样迹象的员工，老板怎么能放心任用？

当今职场，工作是否专注，是衡量一个员工职业品质的标准之一。无论你在什么岗位，做什么工作，只有把专注当成自己的工作习惯，你的工作才会变得更有效率，你也更能乐于工作，而且更容易取得成功。

在广东有一个青年，他五年内换了八个工作单位，最终薪水也没长多少，最重要的是技能没有得到长进。后来终于醒悟：三心二意的人难以成事，于是痛定思痛，再也不眼高手低了，他明白自己想要的是什么，能做的是什么。所以，最后，他选择了在一家大型公司的基础职位，现在已经通过自己的努力升职加薪了。他在一篇文章中这样感慨：“现在，有更多的人来‘挖’我，更多的优越条件来诱惑我，但是，我还是很热爱我的工作。其实，工作和恋爱是一样的，三心二意是没有结果的。如果你是‘菜鸟’，希望我的经历会对你有帮助，如果你是大虾，也请你不要嘲笑我的幼稚，因为人都是要成长的。”

卓越的员工为什么有做事专注的习惯？因为他对自己的工作具有浓厚的兴趣，他在工作中总会感到一种莫名的兴奋感和满足感。即使是一些有压力的日常的机械、重复的工作或职业，对于一个卓越的员工来说，也是一种宽慰和快乐。

当你集中精力、专注于眼前工作时，你会发现你的精力是如此充沛，可最高效地优先完成手中的工作。

股神巴菲特有一句名言：“如果你没有持有一种股票10年

的准备，那么连10分钟都不要持有。”说起来容易，可是有几个人能够做到？我们做不到，可能会把原因归结为中国股市具有自身特色，在这样一个不成熟的市场里，想持股10年，不是脑子有病?!

其实，中国股市的毛病，并非只有中国才有，美国股市一样有“安然事件”，一样有“网络泡沫”，投资者一样被套得很惨。做了一辈子股票的巴菲特，并不是随时都在买卖股票。有一段时间，美国股市出现牛市时，一片莺歌燕舞，多少人大把大把地买，大把大把地赚，巴菲特却不为所动，以至于被一些人视为“过气股神”。然而，当一连串的打击把美国股市推入深渊，不少人血本无归时，巴菲特却以他的稳健投资避免了损失，在别人哭天喊地的时候，他还在稳稳当当赚钱。

他说，这几年他几乎没有买进新股票。既然准备持有10年，就必须要有绝对把握，没有绝对的把握，他宁可不做。

巴菲特比别人多了一份专注，从不三心二意。很多时候，决定不做比决定要做更难，放弃比抓住更需要定力。

人爱折腾，就是因为向往的太多，凡事都想抓住，也不管是不是能够抓住。就像那掰包谷的猴子，想抓到更多，结果连手上这个也没有抓好。

“十鸟在林，不如一鸟在手。”世上看起来可做的事情很多，但真正能够抓住的却少。人生的机遇，可能就只有那么一两次。因此，静下心来，一心一意不折腾，是走向成功的前提。巴菲特从11岁开始买第一只股票，现在70多岁了，还没有改行的迹象，看来，他这辈子也就是专注于股票买卖的投资大师了。

任何行业、任何市场都是博大精深的，够你花一辈子的精力去钻研和奋斗。

广泛涉足，难免蜻蜓点水，把一件事做透，才是成功人生的捷径。

3 只有静心才能专心

静心是一种境界，一个人要专心工作，必须要先有这种境界，有了静心才能专心。

人与人是有差异的，这表现在相貌、能力、职业、口才等方面，然而，我们要是一味地追求比我们强很多的榜样，达不到他们的标准就会十分痛苦。殊不知，普通员工得到快乐的方式不只是让自己在某些方面有所提高，静心也是一个很重要的方面，如果没有平静之心，即使我们的知识、能力、地位提高，心情照样不会愉快，因为目标是没有终点的。

静心，是一个看似简单易懂，却又让人难以把握的东西，它不是天生的。著名演员宋丹丹说过："我在十八九岁时想找一个漂亮的男人，在二十六七岁的时候我觉得漂亮不重要，我要找一个有才华的男人，但是我三十五六岁的时候，我就想才华不重要，形象更不重要，我要一个真正能够牵手的人，能够疼我爱我的人，能够与我一起慢慢变老的人。"很难想象，在我们眼中耀眼的明星，竟然只有这样简单的要求，这种淡然的心态，就是平静之心。

现代社会快节奏的生活让人们难有一颗平常心。为了满足欲望，人们不停歇地工作着、追求着、忙碌着；眉头紧锁，走路急匆匆，心灵承载着重负，上班时也难听到快乐的笑声。我们经常会看到有些人每天拼命工作、赚钱，换了大房子，换了新车，结果在自己刚刚有些许满足的时候，疾病却也随之而来，接下来的日子只能在不断的治疗中度过，依靠药物延长生命；还有些人，随着职务的升迁，欲望之心开始骚动，利用手中的权力索求无度，最后锒铛入狱……这一切都源于贪图享乐，欲望束缚了心灵，人才会失去自由，也无暇享受美好的生活，无法体验内心的欢愉。

如果有了一颗平静之心，人们就会放慢自己追求欲望的脚步，不再一味地繁忙。人一忙,心灵就会狭隘,丧失了敏捷的感知能力。无论面前的景致多美、多愉快、多令人欣慰,你都感受不到。就像猪八戒胡乱地吞吃掉人参果后却不知什么味道,想想那是多么可悲的事情。自认为是在创造美好的生活,而其实却忽略,甚至错过了现有的幸福。所以人得有闲,得有让自己静下来的时间。人只有静下来,心才会随之平静,没有了以往的聒噪,思想不再喧闹,不再迷惑,不再矛盾,幸福和快乐才会随之而来。

在职场中,要保持一个沉静的心,在与同事的相处中更要注意谦和有耐心,做好自己的本职工作,与同事搞好关系,与领导处理好上下级关系,也不随便去害人。

邢来发是天津公交一公司十五路车队609路的一名驾驶员。多年来邢来发始终把为乘客办事、让乘客满意作为他驾驶员工作的落脚点,把“安然、便捷、热忱”作为驾驶员不变的理念,尽力营造着车厢的谐和。

有一次,一名醉酒乘客在他的车上因打盹错过了站,发觉后走到邢来发旁无理要求当即停车。邢来发耐心地告诉他车辆行驶途中不能停靠后,这名醉酒乘客竟出手击打邢来发,邢来发此时心中想的是一车乘客的安然,并没有抵挡,一边尽力保持车辆正常运行,一边耐心地向这名乘客进行解释。他的行动获得了乘客的支持,纷纷责备谴责醉酒乘客是无理取闹,并制止了他的危险行动。

有人问他:“每天都和那么多的人打交道,碰到一些不文明、不讲理的人,你咋就能沉住气?”

邢来发笑着说:“没什么,我心里平静,只有静心我才能专心,只有专心我才能保证车内乘客的安全。”

邢来发说得很有道理,只有先自己静下心来,才能工作顺利。自身心态调和了,才能与他人调和,与他人相处和谐了,这个社会就和谐了。

所以,在工作中,当我们面对名利,面对更高的薪酬和更高的职位时,必须要有一颗平静之心;当我们面对挫折,面对烦恼和痛苦时,更需要有一颗平静之心。只有静下心来,才能专心工作,才能好好工作。

在职场,要做到静心,最重要的是要耐得住寂寞。曾有一位初入职场的选调生对此深有感触:

记得刚刚进入大学校门的时候，班主任跟我们说了一句话："大学四年，只有耐得住寂寞的人才能学有所成。"我觉得这句话现在仍旧适用，我们要想在自己的岗位上取得成绩，也要耐得住"寂寞"。

要耐得住生活的寂寞。作为选调生，最开始在乡镇基层工作，条件简陋，生活沉闷单调，也没有什么娱乐，很空虚，但是听了师兄师姐们的经历之后，我觉得这些都算不上苦了。我们不是第一个吃螃蟹的人，前进的路上都留有师兄师姐的脚印，所以不应该抱怨，没有什么娱乐也就是说没有干扰，是个用学习来充实自己的好机会，而且乡镇基层的生活并不是那么沉闷。我记得刚刚工作不久，一个老伯因为我的一杯热茶一个微笑就把他们家八辈子的事情都倒了出来，尽管我的方言说的不是很顺溜，但是丝毫不会减退老伯的热情，这种被信任的感觉真的很好。

要耐得住工作的寂寞。选调生，从同样的起点出发，但是各人的成长历程却又全然不同，身边的同事或同届的选调生因为抽调、升迁都离开了乡镇基层，而自己还在原地踏步，很多人会心里不平衡。人都有进取之心，这没有错，我觉得面对这样的情况，首先想到的不应该是不公平，而是我自身落后了，因为在你没有看到的地方，别人付出了几倍的努力提高自己。俗话说："入一行，熟一行，做一行，爱一行。"乡镇基层是我们选调生锻炼的平台，不能把它作为升迁的跳板，先不说扎根基层，最起码的站稳脚跟这点是要做到的，与群众打交道不是一种表面功夫，需要真诚用心，从点滴做起，取得他们的信任和支持就是对自己的一种挑战和一份嘉奖。

要耐得住情感的寂寞。选调生的队伍中，不少人还是孤家寡人，而且是背井离乡，现在乡镇年轻干部少是普遍的情况，遇到困难、病痛，遭遇挫折时，特别是女孩子，身边没有亲人、没有爱人，甚至没有一个能倾诉的同龄友人，很容易有孤苦无依的感觉，从而被自己的负面情绪逼到死胡同。这样的寂寞其实是对自身心理素质最大的考验，而走过后再回头看时就会觉得没什么，甚至会觉得惭愧，贵在坚持。

“选调生”给我们的启示是:耐得住寂寞,才能静心工作,才能专心工作,全力以赴,开创自己的一片天地。

4 一心一意成大事

一个人的精力是有限的,把精力分散在好几件事情上,不是明智的选择,更是不切实际的考虑。很多时候,如果一心一意地做好一件事,就能有所收益和走出人生困境。这样做的好处是不至于因为一下想做太多的事,反而一件事都做不好,结果两手空空。

想成大事者不能把精力同时集中于几件事上,只能关注其中之一。也就是说,我们不能因为从事分外工作而分散了我们的精力。如果大多数人把精力集中于一项工作,他们就能把这项工作做得很好。

在对一百多位获得杰出成就的男女人士的商业哲学观点进行分析之后,卡耐基发现了这个事实:他们每个人都具有专心致志和明确果断的特点。

做事有明确的目标,不仅会帮助你培养出能够迅速做出决定的习惯,还会帮助你把全部的注意力集中在一项工作上,直到你完成了这项工作为止。

能成大事的人都是能够迅速而果断做出决定的人,他们总是首先确定一个明确的目标,并集中精力、专心致志地朝这个目标努力。

伍尔沃斯的目标是要在全国各地设立一连串的“廉价连锁商店”,于是他把全部精力花在这件工作上,最终完成了此项目标,而这项目标也使他获得了巨大成就。林肯专心致力于解放黑奴,并因此成为美国最伟大的总统。李斯特在听过一次演说后，内心充满了成为一名伟大律师的欲望，他把一切心力专注于这项工作，结果成为美国最伟大的律师之一。伊斯特曼致力于生产柯达相机，这为他赚了无数金钱，也为全球数百万人带来无比的欢乐。海伦·凯勒专注于学习说话，因此，尽管她又聋又哑又失明，但她还是实现了她的明确目标。

可以看出，所有成大事者，都把某种明确的目标当做他们努力的主要推动力。专心就是把意识集中在某一个特定欲望上的行为，并要一直集中到已经找出实现这项欲望的方法，而且坚决地将之付诸实际行动。

自信心和欲望是构成成大事者的"专心"行为的主要因素。没有这些因素，专心致志的神奇力量将毫无用处。为什么只有很少数的人能够拥有这种神奇的力量，其主要原因是大多数人缺乏自信心，而且没有什么特别的欲望。对于任何东西，你都可以渴望得到，而且，只要你的需求合乎理性，并且十分热烈，那么，"专心"这种力量将会帮助你得到它。

一心一意才能成大事，解放军某部的王宪就是一个典型的例子。

还是在王宪当班长的时候，他所在团更换了一批高新技术的新式自行火炮。据说一门火炮价值几百万元，光一个零件就成千上万元。一次训练，有一门火炮的微光夜视仪突然"失明"了，修理人员摆弄了两个多小时，仍是束手无策，都以为把这个金贵的家伙弄坏了，慌慌地往厂家拍了电报。人家工厂的技术人员赶来后，不到几分钟就把问题解决了，根本不是什么事故，只是一个微调旋钮没调整好。这件事震动了全团，也激起了王宪向未知挑战的满腔热情。他向党支部递交了决心书，参加了连队的技术攻关小组，成天钻到炮车里，对照说明书一个部位一个部位地查找位置，弄清功能，练习操作，常常忘记吃饭和休息。

一个人只有把兴趣投入事业中，把事业当成兴趣，才能产生永无穷尽的创造力。王宪琢磨起新式火炮来，思维的翅膀不时地在灵动地飞翔。训练中，人们都感到这火炮的威力如此巨大，可王宪却感到，火炮射击时要有一个短停，这样就容易贻误战机，假设它能在行进间射击该有多好啊！这是一般人连想都不敢想的事，火炮说明书上也没有这段，连火炮生产厂家也没搞过这个试验……这一切，都不能阻止王宪的钻研，他的想法得到了领导的支持和战友们的拥护。

有一年部队在某地演习，王宪亲自担任瞄准手，体会双向稳定器在行进中的工作情况，探索行进间射击的可行性。炮车奔驰着，王宪聚精会神地在瞄准手的位置上体会着。60 多千米的行驶，使他坚定了信心：只要瞄准手操作技能正常发挥，稳定器完全可以在行进间捕捉到目标，激光测距机也能准确测定距离。上级听了他的汇报，决定组成一个以他为主的炮班，结合实兵演练进行试验。王宪他们在 20 千米时速下，对 1000 米目标射击，打 3 发炮弹，全部命中目标。经技术部门检查鉴定，这次试验火炮未有任何异常情况。后来在军区首长亲临演习现场的集团军合同战术演习时，王宪又在 30 千米的时速下，实施行进间射击，也是弹无虚发，3 发 3 中，那燃烧的靶板好似飘动着的彩绸，庆贺王宪挑战成功。

王宪当连长后，视野更开阔了。他当时反复思考的一个问题是：现在世界上一些军事大国装备的第三代主战坦克，火炮的直射距离一般都超过 2000 米，而我们手里的火炮，《大纲》规定的直射距离榴弹 1000 米，穿甲弹也只有 2000 米！只相当于人家第二代主战坦克的技术水平。好比两个人打架，一个人的手臂比另一个人的手臂要长出一倍，这架怎么打？不是干等着让人抡嘴巴子吗？在实战中，可能人家的坦克还没到你的射击范围，你就被人家的坦克轰毁了。王宪懂得任何装备都存在可能进一步挖掘的潜能。他根据火炮射击原理，大胆地提出一个超直射的构想，规定是 1000 米，能不能突破 2000 米，甚至更远？王宪说干就干，马上领着几个人开始在自行火炮综合训练场论证自己的想法，根据缩小场地与实地比例反复计算修正量。那是个炎热的夏天，炮塔内的温度达到 40℃—50℃，人在里面如同身陷蒸笼，大汗淋漓，呼吸急促，呆上几分钟都很不易，而他们每次上车一练就是一个多小时。经两个半月的努力，王宪写出了火炮“超直射距离射击预案”，经首长批准，在当年冬季进行了实弹试验，发射榴弹 5 发，发发命中，人们惊呼的是射击的最远距离达到 2340 米！在炮声停息的时候，远处观摩的首长和部队那边响起了经久不息的掌声。

王宪用实际行动告诉我们：无论是一个军人还是一个职场员工，要想成功，除了应该具有胆魄外，他还应该有一心一意的做事精神。

假设你准备成为一位伟大的作家，或是一位杰出的演说家，或是一位成功的商界主管，或是一位能力高超的金融家，那么你最好在每天就寝前及起床后，花上10分钟，把你的思想集中在这项愿望上，以决定应该如何进行，这样才有可能把它变成事实。

当你专心致志地集中你的思想时，就应该把你的眼光投向1年、3年、5年甚至10年后，幻想你自己是这个时代最有力量的演说家；假设你拥有相当不错的收入；想象你自己是一位极有影响的人物……唯有专注于这些想象，再静下心来一心一意地去工作，才有可能美梦成真。

在职场，怎样才能一心一意去做事呢？

第一，下定决心，一时间段内，只集中精力做好一件事。

第二，最好在纸条上或在记事本上写下自己的想法，随时提醒自己什么是最重要的事，并将全部精力集中于此。

第三，在做事的过程中，要善于摆脱干扰，不要在耽误大事之后抱怨他人，要知道，你所找的这个借口只是为了原谅自己的不专心而已。

5 折腾工作就是折腾自己

成功，除了努力工作之外，没有别的捷径可走。然而，现在很多年轻人，尤其是刚刚踏入职场的年轻人，往往容易产生浮躁心态和“速成”的心理，他们眼高手低，朝三暮四，频繁地更换工作岗位，白白“折腾”了大好的青春和工作机会，到头来一事无成。殊不知，这样折腾工作，其实就是在折腾自己。

事实上，工作并没有好坏之分，只要努力，任何工作都可以帮助我们通向成功。一旦选择了工作，我们就应当踏踏实实干下去，只要立足岗位，脚踏实地，即使是小事情也能干出大名堂。

于志远是中国保健按摩的创始人。他在任何场合都不避讳自己的出身——30年前，北京崇文区鲜鱼口浴池的搓澡工人。作为一名搓澡工，他饱尝了被人看不起的滋味，自己也看不起这样的职业，工作一度懈怠。不料被领导批评后，他激励自己，决心在这个别人看不起的岗位上干出个样儿来。

从此，于志远成了浴池最勤快和最用心的人。数十年来，每一个凌晨，他都是在台灯底下度过的；第二天天没亮，他又跑到天坛练功——10个手指抓在灰墙上，身体悬空40分钟，等待着朝阳一寸一寸地暖热他。终于，于志远成了技艺精湛的保健按摩师。

从一个一度对前途感到有点迷茫的搓澡工成为了中国保健按摩职业的开创者、第一套保健按摩手法的创立者，于志远的成功向我们表明：只要静下心来一心一意“不折腾”，任何工作都能干出名堂。

反之，一个人如果肆无忌惮、为所欲为，处于无任何约束的状态下，必定会凡事爱折腾，最终只会葬送自己的前途，甚至给自己的事业带来重大损失。因为，折腾工作就是折腾自己。

毕林是一家公司的营业员，他对自己的工作很不满意。有一天，他对自己的朋友吴松说：“我在公司里工资是最低的，老板根本就是看不起我，我要是再这样待下去，实在也没有什么意思了。我想离开这里，换一份工作。”

吴松问他：“那到现在为止，你对你们公司的贸易情况了解的程度如何？你有没有什么不足之处需要在工作中改进？”

听了吴松的话，毕林漫不经心地回答说：“开玩笑，我只拿那么一点工资，凭什么付出那么多的精力去研究那么多东西！有那个工夫，还不如到QQ农场去偷菜呢！”

见毕林这样满不在乎的态度，吴松正色地说：“那我建议你先不要辞职，试着认真对待你的工作，想办法学会公司的运作技巧。将自己的不足之处在公司里弥补一下，然后再考虑离开。”

毕林听了吴松的建议后，决定按照他说的试一试。从这之后，毕林一改往日的懒散，不再玩游戏，开始积极主动地投入到工作中，时常为了把一件事情处理好，在办公室加班到很晚才回家。

半年后，毕林和吴松又聚在了一起。吴松见面就笑着问：“现在半年过去了，你应该在公司里学到了不少东西吧，什么时候辞职啊？”

毕林有些不好意思地回答：“这几个月以来，我学到了不少东西。同事们都非常喜欢和我一起工作。老板对我的态度也发生了改变。前几天刚刚给我升了职，还涨了工资。我现在感觉这家公司挺适合我的，早已经不打算离开了。”

“我早就知道结果会是这样，”吴松笑着说，“你当初不受老板重视，是因为你总想折腾自己的工作，从来没有认真地对待过工作。现在，你的态度已经发生了转变，自然能力提升飞快，得到老板的重用就是水到渠成的事情了。”

在任何一家企业里，老板都不会喜欢那些不踏实的员工，都会赏识那些踏实上进的员工。那些对工作抱着不屑的态度、爱折腾的人，往往会在职场上表现得非常懒散，对工作不负责任，对公司不负责任，对自己更不负责任。这样的人，迟早会被公司淘汰。而一个肩负责任对工作专心致志的员工，必定是少“折腾”多做事、以服从为天职、能创造良好业绩的优秀员工。

6 有所不为方能拒绝折腾

孟子曾说：“人有不为也，而后可以有为。”意思就是说：一个人要“有所不为”才能“有所为”,“有所不为”方能“为必成”;反过来说,如果不分主次、轻重、缓急,不讲条件,不顾后果,单凭主观愿望,什么事都想“为”,势必“无为”又“无成”。

有所不为,其实就是拒绝折腾。

有所为,有所不为,看似平常,却是长期修炼才能达到的一种境界,可以说是“冰冻三尺,非一日之寒”。所以说,我们在工作和生活中,很多时候需要自己想清楚什么是该做的、什么是不该做的,从而有所为,或者有所不为。但很多时候因为非此即彼的原因,我们往往不能放下自己,回归自然,因此会做不该做的事情,会说不该说的话。

当然,人活在世上,该有这样或那样的欲望,否则可能与行尸走肉没有什么异同,但关键看自己的欲望是否正当。当欲望合理、正当的时候,我们就该为满足自己的欲望,实现人生的理想,体现人生的价值作出应有的努力,这就需要我们“有所为”。

但一个人的精力是有限的。你不可能什么都想得到而又什么都不想失去。你必须学会选择,学会放弃。有哲人忠告,人一生只能做好一件事。我们只有一双手,每只手只有五个手指头。有时候我们两只手不能都伸出去,一只手的五个手指头不能什么都去抓,应该去抓该抓的、值得抓的东西,这就是要切实做到“有所不为”。

“有所为,有所不为”,最难的是“有所不为”。比如,你如果选择了从政之路,你就要放弃经商、发财的念头;又想当官,又想发财是很危险的。“有所不为”意味着放弃,而放弃往往是一件非常痛苦的事情。因为放弃意味着失去某些既得的利益,如地位、名利、权力,等等。而这些在某些人眼里往往是最重要的东西,怎能弃之不要呢?

我们不妨先看看松下幸之助是怎样“有所不为”的:

1957年松下毅然放弃已经投资15亿日元、研究长达五年之久的大型计算机项目。消息传出,日本上下为之震惊,因为松下的两台样机十分先进,不久就可以进行市场推广和大规模的工业化生产。松下放弃的原因是因为在几周前美国大通银行的副总裁到松下访问,谈话中不觉就把话题转到电子计算机上。当副总裁听到日本目前包括松下在内,共有七家公司生产电子计算机时,吓了一跳。他说:“在我们银行贷款的客户当中,电子

计算机制造厂几乎都经营得很不顺利。虽然因为别的部门赚钱才没有让公司垮下来，而电子计算机部门几乎都发生赤字。就以美国来讲，除了 IBM 公司以外，所有公司对计算机项目都在减缩之中，而现在日本一共有七家，恐怕太多了一点吧。”

副总裁走了以后，松下仔细地作了考虑，最后得到的结论是：决心从大型电子计算机上撤退。因为松下的大型计算机项目在接下来的科研、生产以及市场推广还需要投入近 300 亿日元，如果放弃虽然损失 15 亿，但是这个决定能避免了 300 亿的损失。这个决定使松下更加专注于对电器和通讯事业的发展，使松下逐步成长为当今世界的电器王国。

“有所不为”可以让企业轻装上阵，更加理性地进行盈利模式的选择、项目选择以及制度选择，是企业战略的重要工具。企业如此，个人也一样，在竞争日益激烈的当代职场，每一名员工都要认清形势，审视自己，有所为有所不为，坚持该坚持的，丢弃须丢弃的，集中精力专心致志地做事，方能拒绝折腾，迈向成功。

1998 年，著名作家毕淑敏成了心理学的研究生。经过几年的刻苦学习，离拿到心理学博士学位的日子越来越近了。但她思之再三，最终决定放弃。她对劝她的人说：“因为我不能去考外语，写论文。我担心一个几十万字的心理学博士论文写下来，我可能就不会写小说了。因为风格不一样，思维的训练也不一样。考外语，是一个死功夫。我想，生命对我这个年过 50 的人来说是那么宝贵，不值得拿出半年时间，专门去念外语，去应对考试。”

毕淑敏放弃了争取心理学博士学位之后，在北京西四环外开了一家心理咨询中心。她认为，这是“助人和自助的工作”，是极有兴趣探索和愿意去做的大有价值的事情。

比尔·盖茨的放弃也值得一提。以他的实力，足可以买下纽约，去做房地产老板。但他只关注自己的操作系统和软件的研究和开发，而不被暴利行业所诱惑。有位投资专家评论得妙：“比尔·盖茨的聪明过人之处，不仅在于他知道做什么，而且在于知道不做什么，知道应该做什么。”

知道不该做什么，就是有所不为，就是懂得放弃，就是拒绝折腾。职场的我们，从毕淑敏和比尔·盖茨的“不为”里，一定会有所启发，再不会去盲目折腾了。

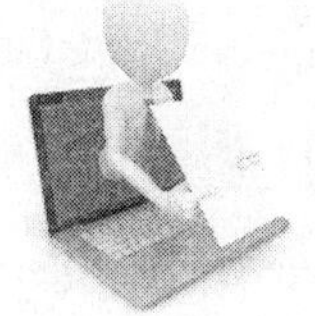

7 别把希望寄托于跳槽上

职场新人，特别是比较有能力的新人，在职业发展道路上遇到一点不顺，就想跳槽到另外的地方去实现自己所谓的快速成功。然而，换到一个新单位，由于自己有了之前的工作经历，自认为已经不是新人了，对新的岗位的期望值要求更高。但用人单位在给与取的问题上都是有其自身内在的惯例，对于新来的人，通常必须从头做起。可是，在短期内不能快速成功的你，看到身边的朋友、同学、同事都开始被提升，又会萌生去意——跳槽。殊不知，一次次的跳槽，就是对自己之前选择的否定和舍弃，而成功的机会往往会伴随着你的离去而失去。

因此，职场的你，千万别把职业成功的希望寄托在跳槽上。因为，成功的机会更多的时候是动态的，是要有经历和基础的。一些自以为能力较强的职场新人，因为急于求成在不断的选择跳槽中放弃了自己本应得到的东西，经常变动使自己失去很多走向成功的机会。

相反，对于选择坚持留下来者，哪怕本身能力一般，但只要有信心在一个岗位上扎扎实实地学习，认认真真地工作，通过时间的积累打好基础，最终都会成为机会的受益者。

所以，职场人不要把打通职业发展道路的希望寄托于跳槽上，不要急功近利、急于求成；当职业发展道路上遇到一点不顺的时候，要分析自己的目标和现实的差距，准确评价自身特点和强项，认识自身的价值并通过努力使其增值，将个人、事业与就业单位和岗位联系起来，在现有的岗位上制定长远的职业规划，为自己的职业生涯不断注入养分，树立信心，静下心来打牢基础，增强自己职业竞争的能力，少走弯路，只要坚持自己努力的方向并形成规划性，就一定能打通职业发展的道路，实现成功。

有些人仅仅因为一点小事与上司或同事意见不合，便“挂印而去”。这样的人情商一般高不到哪儿去，更缺乏沟通能力和团队合作精神，换了环境也难有作为，反易成为老单位同事的笑柄。

小吴在证券行业某公司做客户代表，在开始的一年，行情看好，高收入让他觉得入对了行，高兴万分。可是天不遂人愿，在接下来的两年股市滑坡中，竞争越来越激烈，他的收入也受到了直接的影响。在无奈和冲动之下，他舍弃了自己的行业而去了一家会计师事务所做起了审计工作。三个月之后，那些枯燥的数字、频繁的加班，单调的流程，使他又对自己是否适合这个工作起了疑心。犹豫间，他又辞职了。可这次没有以前那么顺利，找了几个月没找到合适的工作。尤其是碰到原证券公司的同事时，他自感十分落魄。这都是跳槽惹的祸啊！

跳槽其实有一大堆的理由甚至是借口，现代社会有太多的因素在影响着我们，工资待遇、福利待遇、工作环境、工作氛围……这些因素产生出一个奇怪的光圈，我们被囿于其中不能脱身。当我们的工资没有办法支持我们供房供车，我们需要找一个工资高的工作职位，当我们在乎名超乎于利的时候，我们又需要一个可以让我们觉得有面子的职位，当我们在乎得越多的时候，我们就越浮躁，然后我们就变成现在职场中的跳蚤，在一刻不停歇地跳来跳去寻找着一些什么……

事实上，跳槽不是解决这些的唯一方案，当每一个月领到微薄工资的时候，压住心里的浮躁，想象一条加薪规则。

我们选择加薪可以有两种方式：我们可以立即从现在的公司跳到另外一家，这样我们的工资可能比现在高 200～500 元，当我们跳到第五年的时候，可能工资会增加到 2000～4000 元之间，但是还会继续停留在底层的岗位。还有第二种方式，继续待在现在的职位上，积攒重要工作经验和工作技能，为自己建立庞大而有效的人际关系网络……五年之后的你可能会从月工资 1500 块到年薪十万以上，职位可能会升任为公司的主管甚至是部门总监，还有可能创建属于自己的公司或企业。你不妨想一下，哪个更划算？

实际上，跳槽除了对公司来说是一种人才的流失，会在短时间内影响到公司的内部运转之外，对个人更是一种损害。现代的管理学家认为，频繁的跳槽是对公司不忠诚的表现，很多企业单位在看到履历表上密密麻麻的工作经历时，他们第一个感觉不是这个人有这么多的工作经验，而是将注意力放在让你频频地背弃自己服务的公司而选择离开的原因上，几个月的工作经历在现代的人事主管眼中不再是工作经验，而是这个员工缺乏适应能力，自私、不懂得感恩的表现。

很多人认为公司和自己八字不合，非散不可，但不得不说的是，除非你的工作环境已经糟糕到了极点，否则适应环境远远要比改变环境重要得多。适应一个公司的工作环境、工作氛围和企业文化往往需要几个月的时间，过了这段时间的磨合期，大多数人会慢慢地适应公司的环境，并且自己的才华也会慢慢地展现在老板或者是同事的面前。可能你会觉得我在公司里待的时间够久了，为什么没有给我升职加薪？事实上，每一个员工的升职加薪都会经过公司的一段考核期，假如你做得很好，并且跟同事和老板相处得很融洽，但是老板就是不开口给你升职加薪，那你一定正好处在一个被考核的时间。每一个老板都不希望给一个不合适的人升职加薪，因为一个不合格的主管造成的损害远远比一个普通的员工影响更大，现在对你最重要的是，再等待一段时间。

> 某公司因为业务拓展录用了一位名牌大学毕业的公关经理玲。由于玲对市场运作估计不准，使公司蒙受了不必要的经济损失。公司领导为此批评了玲，并作出相应的处罚。玲感觉很委屈：公司事务如此繁多，刚出校门本来就经验不多，作为领导对我不应如此严格。于是工作松懈，公司越发对其有看法，玲便另谋他职。玲后来换了好几家单位，始终未能干出名堂来。

如果认真分析，玲接连跳槽就不应该。本身就是自己没有干好工作，没有用心做事，再换单位也没有好处，相反更不能发挥出应有的作用。

由此可见，人在职场，遇到任何事情、在任何时候都要冷静地分析，多找找自己的缺点，提高自己的实际工作能力，不要急于跳槽，盲目跳槽，更不要把所有的希望都寄托在跳槽上。

8

打败分心与焦虑

人在职场，要做到静下心来，一心一意不折腾，除了工作要专心致志、不三心二意之外，还有一点也很重要，那就是要集中精力，打败分心与焦虑。

随着工作年限的增长，越来越多的上班族发现精力不济，容易分心。比如在写字楼工作的职员，会常常发现自己做一件事，往往要分成几段，一会儿电话响了，一会儿 MSN 上又有人发信息了，一会儿领导又叫你，吩咐你几句，结果经常同时做着几件事，一天下班后，筋疲力尽。因此常有人不禁感叹：哎，是不是精力不够了？为何总是分心？

上班分心已经成了职场人的一个很普遍的问题，从下面这一篇某员工的“博文”里即可见“一斑”：

“明天上班前，把工作总结完成给我。”老板交代完，就转身走开了。

离下班还有两小时，差不多够用了。等老板走后，我打开文档，刚写了个标题，QQ 头像闪了起来，朋友发来一句牢骚话：“忙了半天，终于忙完了，累。”我回复：“你的苦日子完了，我的苦日子却刚刚开始。”任务紧迫，闲聊是不可以了，果断与朋友告别，将 QQ 变成隐身状态。

朋友的头像不跳动了，QQ 群依然跳动不休。打开窗口，群里的朋友们正在讨论今夏服饰的流行趋势，这正是我所关注的，可工作在等着呢，只稍稍围观了一会儿，我痛苦地关掉窗口。

再忙不能丢了微博，我简短地打了一句话：“我要开始工作了。”一刷新，好友回复：“要记着劳逸结合，千万别累着哦。”千里之外，有人关心我，这让我有点感动。我微笑着点头，然后回复：“谢谢关心。”

突然想起，一位编辑说给我发了一个约稿，差点把这个重要的事情给忘了。打开邮件箱，仔细看了一遍约稿，心里就约稿的文章又浮想联翩了一下。又发了会呆，突然惊醒，我的工作总结还没开始写呢。

天啊，离下班只有一个钟头了。再不写真的来不及了。

QQ 群又在跳动，让我心烦意乱。得，干脆断网，眼不见心不烦。这下清静了，我全身心地投入工作总结。

一个钟头很快过去，下班了。我的总结还没写完，同事们陆陆续续走了，我还在敲键盘。又写了半个钟头，终于大功告成。

回家的路上盘算了一番：要是没有网上闲聊，下班前工作总结是能够轻轻松松完成的。说起来，全是网络的错。又一想，关网络什么事啊，是自己意志不坚定罢了。

在现代职场中，几乎每个人都感受到不少压力。随着社会的多元化，个人要扮演的角色愈来愈多，在工作场合，你可能是部属、主管、老板、别人的同事，或是某社团的会员、委员、领导者，信息发达使我们的触角愈来愈广，时间和精力却也被分割得愈发琐碎。然而，社会价值与规范赋予每一种角色特有的要求并未减少。因此人们常在无法兼顾，又不得不扮演好各种角色的情况下，承受极大的压力。这就是工作上分心和焦虑重重的原因。

要使工作出色，事业成功，我们必须消除工作上的这些分心和焦虑。著名诗人席慕蓉说过，人的成长就是一次次的遭遇创伤或挫折，以及一次次的对创伤或挫折进行修复的过程。其实我们每一次对创伤或挫折进行修复的过程，既是战胜困难的过程，也是自我实现的过程，当然也是提高生命质量的过程。这个过程，也就是消除分心和焦虑的过程。

那么怎样才能做到这些呢？首先改变自己思想、观念和态度。

阿德勒天生体质虚弱、身形佝偻，他自强自立，终成自我心理学界的泰斗；富兰克林胆小如鼠，口吃结巴，他到落基山脉赶牛奔跑以及猎熊来增加自己的胆量，终于登上了美国总统的宝座；埃莉诺·罗斯福从小死了母亲，父亲是一个花花公子，七岁以前以吃垃圾为生，七岁之后她性情乖戾、撒谎、偷盗、厌恶他人，通过自我审视，观念和态度的转变使她成为著名的“我的日子”的专栏作家，她在民主同情和人类福利方面做出了卓越的贡献……

我们可以从很多事例中明白这样一个道理：每个人都是可爱的，当然包括我们自己；每个人都可以拥有幸福、愉悦、快乐和爱，但是我们必须转变自己的思想、观念和态度。所以过去并不能左右自己，关键是现在的思想、观念和态度，放弃和迈过过去，一切重新开始，从头做起，当我们迈出新的一步的时候，我们周围的人就会以欣赏的目光看待我们，进而促使我们重新找回自己的尊严、自信，工作上的分心和焦虑也就自然消除了。

在这个世界之上天外有天、人上有人，把我们放在其中绝对是比上不足，比下有余。所以应该自得其乐，自己欣赏自己，始终抱定“天生我才必有用”的信条，扬长避短，勤奋努力。

具体到实际工作中，焦虑主要来自于工作量多与工作要求高等因素，尤其当得到的报酬与个人的付出不成比例时，个人更容易觉得不公平，压力感也相对增加。另外，人际关系不良也是导致焦虑的一大要素。由于许多工作讲求团队合作，若与团队中的其他成员无法愉快相处，会直接影响工作无法顺利进行，情绪受影响之后，压力也随之而来。

因此，要消除工作上的焦虑，首先要学会自我肯定。不能自我肯定的人就是自我价值感较低的人，这种人非常在意别人的看法，也很敏感于别人的评语，人家一两句负面的言语就会让他觉得自己一无是处，因此常不喜欢自己，常认为自己被伤害，常怨天尤人、怨恨自己不如人。不能自我肯定的人生活得很辛苦，即使完成了十件事，有八件事被别人肯定，只有两件事不被赞许，他也会被后两件事所带来的不舒服情绪所笼罩，完全忽略那八件事所应带来的兴奋。此外，不能自我肯定的人也因害怕得不到肯定而经常患得患失，因此容易处在忧郁、焦虑不安及自责中，压力自然很大，情绪也随之不好。

其次，不要太追求完美是消除忧虑的另一个好方法。追求完美的人把每件事的标准定得很高，原本只需一两个小时就可以完成的工作，往往为求尽善尽美，而多花了两小时的时间。生命给每个人的时间是固定的，求完美者的时间当然也没有特别多,因此常觉得时间不够用。为了解决时间不足的问题,只得选择牺牲下列时间:睡眠、与家人相处、运动、休闲的时间,导致长期失眠、缺乏与家人相处的快乐、终年处于紧绷状态。试问长期睡眠不足的人情绪会好吗?经常处于紧绷状态的人压力能不大吗?不常与家人相处的人会快乐吗?因此对事情要求太高的人往往不容易得到幸福快乐,反而焦虑重重。

总之,要静下心来,好好工作,就要一心一意,全心全意,打败分心与焦虑,将自己的力量集中到一个目标上,持之以恒地不断努力,才能够取得成功。能够一心一意不折腾,是一种精神,是一种境界,是一种使自己立于不败之地的看似最为笨拙实则最佳的捷径,游移不定或朝秦暮楚都会使自己离成功很远。

第三章

静下心来，宽容豁达不抱怨

工作占据了职场人大部分的时间，而日常生活中充斥着一个个矛盾，需要职场人凭借自己的能力和努力去解决和协调。在这个过程中，一旦无法做到内心的平衡，抱怨就会在脑海中出现或是随口而出。当这种矛盾积累到无法疏解的时候，职场人会发现自己真的成了“祥林嫂”。殊不知，过多的抱怨会给人们的身心健康带来消极影响，不停向别人抱怨也会留给别人非常消极的负面影响。因此，积极正面的情绪及行为举止是职场人需要具备的基本素质，也是职场人职业发展的助推器。职场人应能够在工作中树立积极正面的形象，而不应是一味抱怨。

1 在工作中学会宽容

宽容，是中华民族的一种美德，彰显着一个国家、一个民族、一个人的博大胸怀和人格魅力。在新的历史时期，宽容也在不断赋予新的内涵，是社会人际关系的黏合剂，是人们相互融合、共同进步、创造宽松工作环境、构建和谐社会的催化剂。

在我们的日常工作中，常常会发生各种矛盾、冲突，这是事物发展的必然现象。但是如何正确对待矛盾，妥善处理矛盾，化消极因素为积极因素，形成工作合力，却使许多人犯难。有时候会矛盾激化，严重影响团结，甚至干扰工作，破坏和谐局面。这就要求我们在工作中自觉学会宽容。

> 古代有位老禅师，一天晚上看见墙角边有一张椅子，他知道是哪位出家人违犯寺规越墙出去溜达了。老禅师也不声张，走到墙边，移开椅子，就地而蹲。
>
> 少顷，果真有一小和尚翻墙，黑暗中踩着老禅师的背脊跳进了院子。当他发觉刚才踏的不是椅子，而是自己的师傅时，惊慌失措，张口结舌。但师傅并没有厉声责备他，只是以平静的语调说："夜深天凉，快去多穿一件衣服。"

老禅师完全可以惩治小和尚，或者严厉批评，但他没有这样做，而是用言行宽容了小和尚，同时也教育了小和尚。由此及彼，我们在职场中应学会包容和谦让，工作中要多一些包容和谅解，多一些协调和配合，在不影响大局的情况下，还要适当做出一些妥协和让步，不能个性太强。只有大家都能做到谦让和包容，认真对待工作，真诚对待同事，才能创造有利于工作开展的舒心环境，使部门的领导和工作人员之间就能团结起来，工作上任何难题和困难都将迎刃而解。

平时，我们不能强求他人的言行完全符合自己的心意，因为这是不现实的，与其用挑剔的眼光去审视别人，还不如用积极的态度去了解他，接受他。当然，提倡宽容、谦让，并不是要怕人、怕事，也并非要我们放弃原则，也不是要唯唯诺诺委曲求全，而是要根据工作的性质、急缓等具体情况，有原则地包容和谦让。

另外，工作中失误是难免的，对出现的各种失误不能过分地责备和苛求别人，倘若对别人的错处一味挑剔、苛责，只能更加令其反感，而且可能激起对你的逆反心理。所以说，宽容是一种良好的心态，是摆脱烦恼的良药，是保持身心健康的“维生素。”大家在一起共事本身就是一种缘分，都应该珍惜这种缘分。只有都抱着谦和的心态去相处、去工作，才能收获真诚的友谊和感情。

总之，宽容和谦让是处世的经验，待人的艺术，为人的胸怀，也是人与人之间相处的基本原则，那么，怎样才能在工作中学会宽容呢？

首先，要常修容人之量。人们常说，能在一块工作这是前辈修来的缘分，人们应当好好去珍惜它。一个人讲宽容，不在于说得多么好听，而关键在于能否自觉做到。要真正做到宽容，首先要有容人之气度。这种气度除了个人性格因素以外，主要还是在后天不断自我修炼和养成。正确对待别人，正确对待自己，正确对待矛盾，宽容之心就会油然而生。

学会宽容，重在培育海纳百川、地载万物的胸怀，培养豁达大度、虚怀若谷的气度。在矛盾中要多为别人着想，多看别人长处，让人深刻感到你胸襟坦荡、光明磊落，在与人相处时不谋私，不耍滑，不投机，不惹是生非，即使责任不在自己，也能挺身而出，勇于担当。遇事要从大处着眼。如果是公司管理人员，当员工做错了事情时，不要过多责备，要帮助分析出错的原因，正确判断主、客观因素，主动承担领导责任，指出改进和努力的方向，使员工精神上得到人文关怀。而员工对上司对公司则应抱着高度负责的态度，不纠缠琐事，不忧心忡忡，不放任自流，不灰心丧气。总而言之，宽容的生机在于求同存异向前看，一心一意谋事业。

其次，要有舍得精神。宽容必须以他人为中心，不斤斤计较个人得失，不图利，不求名。要宽恕容人，势必要具有舍弃自我、乐于奉献的精神。这不仅体现了自己宽厚仁义的胸怀，也反映了对宽容的真诚度。因此在提倡宽容时，必须首先培育舍得品格。

最后，学会宽容要用心。通过认真观察，我们可以把宽容看作是人格魅力的释放，是正确处理人际关系的一种智慧，是人生道路上崇尚的一种精神。

宽容要用心，应当把握好三个要件：一是要悉心体会别人的宽容。要有感恩意识，从宽容中鼓士气，求理解，化懊悔，创新路，不辜负别人宽容的厚望。二是要学会换位思考。通过换位思考才能真正体会到对方的心路历程、复杂感情和最需要人们关怀的焦点，才能把握宽容的出发点和根本用意。三是要有宽容底线。宽容是处理人与人之间在工作、生产、生活中发生矛盾的一种手段和心境，它必须建立在遵循社会公德、行业道德的基点上。宽容的底线是尊重人格、坚守尊严，不得以损害社会道德，危及他人利益为代价。否则，宽容就变成了纵容，以至于助纣为虐，最终导致害人害己。

职场上，不管你遇到多么看不惯、合不来的同事，还是应该以工作为重、以团队利益为重，努力处理好与他们的工作关系。最好的办法不是去躲避、远离这些人，因为工作关系你不得不跟他们每天都打交道，与其这样，何不找一种更好的方式让彼此在工作中都快乐、舒服、高效一些呢？比如，在正常工作交往中调整好自己的心态，多注意别人的优点，少关注你不喜欢的那部分。

总之，宽容是冬日里的一缕阳光，温暖人心；宽容是一个开心的笑脸，使我们握手言和并肩作战；宽容是对方落难时一个有力的搀扶，帮助他走出困境。工作中我们要学会宽容，用一颗宽容的心对待身边的人和事。

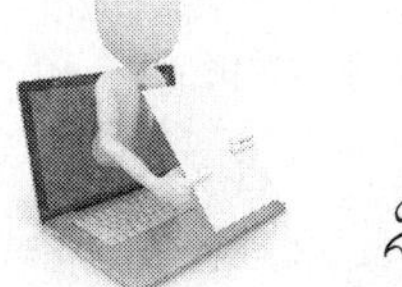

2

宽容他人就是宽容自己

无论是工作中或生活中，宽容都是一种高尚的品格。也许别人无意侵犯了你的利益，使你落入困境；或者无意的举动扰乱了你的生活，使你烦恼不堪。面对这一切，最好的办法就是宽容。人非圣贤，孰能无错？一味的埋怨愤怒无济于事。而试着用宽容的心态面对，包容万物，不以物喜，不以己悲，心态平静了还有什么解决不了的呢？不会宽容别人的人，是不会得到别人的宽容的，宽容了别人，不仅宽容了自己，更成就了自己。

20世纪50年代，台湾的许多商人知道于右任是著名的书法家，纷纷在自己的公司、店铺、饭店门口挂起了署名于右任题写的招牌，以招徕顾客。其中确为于右任所题的极少，赝品居多。

一天，一学生匆匆地来见于右任，说："老师，我今天中午去一家平时常去的小饭馆吃饭，想不到他们居然也挂起了以您的名义题写的招牌。明目张胆地欺世盗名，您老说可气不可气！"正在练习书法的于右任"哦"了一声，放下毛笔，然后缓缓地问："他们这块招牌上的字写得好不好？""好我也就不说了。"学生叫苦道："也不知他们在哪儿找了个新手写的，字写得歪歪斜斜，难看死了。下面还签上老师您的大名，连我看着都觉得害臊！"

"这可不行！"于右任沉思道，"你说你平时经常去那家馆子吃饭，他们卖的东西有啥特点，铺子叫个啥名？"

"这是家面食馆，店面虽小，饭菜都还做得干净，尤其是羊肉泡馍做得特地道，铺名就叫'羊肉泡馍馆'"。

“呃……”于右任沉默不语。

“我去把它摘下来，”学生说完，转身要走，却被于右任喊住了。

“慢着，你等等。”于右任顺手从书案旁拿过一张宣纸，拎起毛笔，刷刷在纸上写下了些什么，然后交给恭候在一旁的学生，说：“你去把这个东西交给店老板。”

学生接过宣纸一看，不由得呆住。只见纸上写着笔墨酣畅、龙飞凤舞的几个大字：“羊肉泡馍馆”，落款处则是“于右任题”几个小字，并盖了一方私章。整个书法，可称漂亮之至。

“老师，您这……”此学生大惑不解。

“哈哈。”于右任抚着长髯笑道，“你刚才不是说，那块假招牌的字实在是惨不忍睹吗？这冒名顶替固然可恨，但毕竟说明他还是瞧得上我于某人的字，只是不知真假的人看见那假招牌，还以为我于大胡子写的字真的那样差，那我不是就亏了吗？我不能砸了自己的招牌，坏了自己的名声！所以，帮忙帮到底，还是麻烦你跑一趟，把那块假的给换下来，如何？”

“啊，我明白了。学生遵命”。转怒为喜的学生拿着于右任的题字匆匆去了。就这样，这家羊肉泡馍馆的店主竟以一块假招牌换来了当代大书法家于右任的墨宝，喜出望外之余，未免有惭愧之意。

于右任宽容为怀，不计较店老板的以假充真，慨然赠书，这样不仅无私地帮了店主，更成就了自己的名声。

历史上，这样宽容别人的事例很多，如曹操宽释曾经在官渡之战后背叛他而投靠袁绍的将领，不追究任何过失，有的更是加官重用，这些将领后来一路追随曹操，鞠躬尽瘁；唐太宗李世民宽容魏征的直言，创造了历史上繁荣昌盛的“贞观之治”；林肯宽容辱骂他的一名平民，怀揣着广博的胸怀积极为人民谋取福利，成为美国历史上最有作为的总统。可见，宽容他人的同时，确实能够成就自己。

某快餐厅里，傍晚时只有两个食客：一个老人和一个年轻人，可能因为店里客人不多，餐厅里的照明灯没有完全打开，整个大厅显得有些昏暗。年轻人手捧一碗炸酱面，坐在靠门口的

位置，与老人相邻。不过，年轻人的注意力并不在炸酱面上，他一直盯着老人放在桌边的手机。当老人再次侧身点烟的时候，年轻人的手快速地伸向手机，装进自己的上衣口袋，试图离开餐厅。

老人转过身来，很快就发现自己的手机不见了。他身体微微颤抖了一下，然后立即平静了下来，看了看四周。这时候，年轻人已经伸手拉开门，老人看见了，似乎明白了什么，他马上站起来，走向门口的年轻人，说道："小伙子，你等一下。"年轻人一愣，问道："怎么了？"老人恳切地说道："是这样的，昨天是我70岁的生日，我女儿送了我一部手机，虽然我不是很喜欢它，可是那毕竟是我女儿的一片孝心，刚才我把它放在了桌子上，现在它不见了，可能是我不小心碰到了地上，我的眼花得厉害，弯腰对于我来说不是一件容易的事情，能不能麻烦你帮我找找？"

年轻人放松了紧张的神情，他擦了擦额头上的汗，对老人说："哦，您别着急，我来帮您找找看。"年轻人弯下腰去，沿着桌子转了一圈，又转了一圈，然后把手机递了过来："老人家，您看，是不是这个？"老人紧紧握住年轻人的手，激动地说："谢谢！真是不错的小伙子，你可以走了。"

这时，一位餐厅服务员走过去，对老人说："您本来已经确定手机就是他偷的，却为什么不报警呢？"老人回答说："虽然报警同样能够找回手机，但是我在找回手机的同时，也将失去一种比手机更宝贵的东西，那就是——宽容。"

纪伯伦说："一个伟大的人有两颗心：一颗心流血，一颗心宽容。"人在职场，烦恼、困惑都是不可避免的，若凡事都斤斤计较，那我们只能整天生活在苦闷里。要想自己活得潇洒、从容，我们就必须掌握宽容的艺术，懂得宽容他人就是宽容自己，就是成就自己。

3

学习他人长处,容忍他人缺点

我们常说"尺有所短,寸有所长。"意思就是说,人都有其长处,也有其短处,只要你细心就会发现,每个人的身上都有值得学习的长处和需要容忍的缺点。在这个世上,没有完美的人,只有完整的人。如果我们一味地揪住别人的短处不放,一味穷追猛打,那么实际上也是在用绳索套牢了自己。既然如此,我们就得学会接纳别人的长处,也要学会接纳别人的短处。学会了接纳别人的缺点和短处,我们自身才会得到最大的释放与自由,才会以更宽阔的胸襟去包容身边的每一个人。

《资治通鉴》中记载了这样一个故事:

公元前377年,子思向卫侯推荐苟变时说:"以苟变的军事才能,他可以统率五百乘的军队。"可是卫侯说:"我知道他是个将才,然而他在向老百姓收田赋时,曾白白吃过人家两个鸡蛋,所以不能用他为将。"子思进言道:"圣明的君主用人,好比木匠用木料,取其所长,弃其所短。所以,合抱粗的大树,虽说烂了几尺,但好木匠决不会因此而把它丢掉。现在,您处在战争纷起的环境中,需要选择勇猛的武士,因为两个鸡蛋而丢弃捍卫社稷的大将,千万不可让邻国知道啊!"

子思推荐苟变做将领,卫侯却因为苟变过去为官收税时白吃了百姓两个鸡蛋而不用他。子思用"圣人之官人,犹匠之用木,取其所长,弃其所短"这样的话说明选人任官不可求全责备,而应"取其所长,弃其所短"的道理,从而说服卫侯重用苟变。古人如此,当代职场也如此,每个人都要懂得学习他人长处,容忍他人缺点。

小吴大学毕业后,聘任到某学校教书。该学校里有一位姓张的老师,他嗜酒如命,有酒必喝,酒后必醉,醉后因为失控,常

常闹得人家整夜难安。由于这个缺点，很多人看到他都躲之不及。而只有这位年轻人，每次都能奉陪到底，并且尽力限制他酒后一切不合理的行为，还把他安全送回家中。

张老师平时在与朋友相聚时，常常因别人一句不经意的话而大发雷霆，甚至推翻桌子、摔碎酒杯，或者突然说出几句刁钻刻薄的话。后来，很多老师和朋友都对他敬而远之，只有这位小吴老师依然同他保持着良好的关系。

于是，就有一些人对小吴很不理解，甚至背后也常有微责之词："能和那种人是好朋友，真是物以类聚，人以群分。"但不管别人怎样看，小吴总是说："每个人都有自己的个性，每个人身上都有别人不喜欢的东西。但我们能成为朋友，那是因为我们身上都有各自喜欢的东西。为什么我们不能容忍一个人身上的小缺点呢？"

其实，不管是职场还是其他地方，面对别人的缺点时，我们都要有包容的胸怀，不要因瑕掩瑜，不要只看到别人的缺点，却看不到别人的优点。因为每个人都有长处，也有短处，不可能十分完美。关键是我们要学会取长补短，学习别人的长处，也要容纳别人的短处。

1993 年，20 岁的缪钦在家乡福建南平一家银行做财务工作，此时厦门的麦当劳正在招聘见习经理，他决定到厦门去闯荡一番。

那天，他冲着这个职位而去，但轮到他面试时，考官却告诉他，见习经理已招满，如果他愿意从服务员做起的话，是可以留下来的。对方还告诉他，其间要经过员工、训练员、见习组长、组长，再到见习经理这 5 个级别。

他毫不犹豫地答应了。

他勤勤恳恳、兢兢业业，刷厕所、扫地、洗碗……回到住处仔细阅读麦当劳的《工作手册》。3 个月后，第一批升职开始了，他满怀着希望，可 4 个室友中有两个人在列，就是没有他。这时，有一家酒店让他过去做财务，月薪 800 多元，是麦当劳 300 多元的两倍还多。他立马写了辞职报告。

递交辞呈时，他气呼呼地对经理讲了一通后，经理并没有正面答复他，只是说："你已经告诉我，你比别人做得好的地方。那么现在，你能不能换到对方的立场上，说说他们比你做得好的地方。给你一天时间去考虑。"

他还真的想明白了，自己的"麦当劳不公平"的说法根本站不住脚：同寝室的阿刚虽然不加班，但做事效率奇高；阿群特别讨小孩子喜欢；还有隔壁寝室的大刘永远不会与客人发生摩擦……第二天，他明确告诉经理，自己愿意留下来继续扫地、端盘子……

1994 年 4 月，也就是在他收回辞职报告一个月后，他终于被提升为训练员。5 月底，又被晋升为见习组长。9 月，他成功通过升级考试，升任见习经理。1995 年 3 月，他被升任第一副经理。他后来居上，创造了一年半的时间内连升 7 级的奇迹。

他开始反思，这一连续的快速晋级，不就是得益于自己能看到别人的长处、能容忍别人的短处吗？从此，他就把学习别人的长处容忍别人的短处当作自己进步的法宝。

1995 年 5 月，他被选派到美国总部进行为期半个月的培训。回国后，便被委以重任，派他到厦门莲花区负责厦门地区第二家麦当劳店的创建。由此他成了独当一面的店堂经理。

1998 年 10 月，他成了营运部经理，被调往湖南长沙开辟市场。长沙的麦当劳店开起来了，可很快遇到了困境：顾客的新鲜感一过，门庭便冷落了。他认真学习湖南店员们的长处，不断开发出适合湖南人喜辣的配方。到 2004 年时，湖南的麦当劳餐厅已迅速扩大到 19 家，且单店效益成了全国最好的。

2004 年 3 月，他调到杭州，升任营运高级经理。而两个月后，由于工作出色，他成为中国三名而且是最为年轻的"全球总裁奖"获得者之一。2005 年 4 月，他又被调往大连，负责东北三省和内蒙古地区的市场。没多久，这些地方的麦当劳餐厅又得到拓展。2008 年 4 月 18 日，35 岁的他升任麦当劳中国副总裁兼北区总经理，成为第一位中国籍副总裁，最年轻的高层管理者。由此创造了中国本土员工的一个神话。

能看到别人的长处，这是一种将自己放在低处广泛学习的姿态。当你将自己的胸怀鼓荡成一片大海时，你就有了宽广的境界，有了这样的境界，也就有了成就人生辉煌的广阔平台……

4

保持一颗平常心

什么是平常心？平常心就是我们在生活中处理周围事情的一种平和的心态。平常心需要经过一定修炼后方可具备，它属于一种让人受益终身的处世哲学。说穿了，即是吃饭好好吃，睡觉好好睡，做事当认真，为人不计较。但是，为何如此简单的事情许多人却很难做到呢？那是因为人们在生存竞争的巨大压力下、在名与利的多重诱惑下，滋长了自私、贪欲、痴迷、浮躁、报复、好胜、狂妄等种种不良心态，从而打破了一颗平常心，导致痛苦、烦恼和噩运纷至沓来。

在职场，用一颗平常心去看待工作，就如参加一场足球比赛，它有着自身的游戏规则。我们的责任是顺着这个规则去行事，从中寻求最为有效、最具智慧的方法来达到目标。而其他人是我们的团队伙伴，我们彼此合作去打赢一场比赛。在这个过程之中，我们只需努力去做好自己的本职工作就行了。

有人视工作如娱乐，也有人视工作为苦役。工作究竟是天堂还是地狱呢？很大程度是看你用什么心态去面对。

程敏大学毕业后就加盟某公司，成为其办公室的一名普通职员。两年下来她觉得自己是这个世界上最不幸的人：生不逢时，没有好工作，没有钱，没有房子。每月的薪水少得可怜，还要早出晚归，真是没劲透了。

直到有一天，她碰到一个在工厂打工的女孩，女孩一脸羡慕地说："有份像你这样的工作多好！我们厂子不景气，我已经快半年没班上了。”

程敏告诉她已经感觉上班太累了，正想辞职不干呢。

女孩惊讶地说：“到哪儿不受气？喝凉水还塞牙呢！应该好好珍惜。”

程敏怔住了，不知如何回答。回到家里思考了一个晚上，她才发现，自己并非一无所有，生活得还算蛮好的。原来自己的不快乐，皆因自己太过浮躁，缺少一颗平常心。

平常心，说穿了其实并非什么深不可测的学问，也不是什么奇妙的东西，它只是一种踏实的心态。看似简单，做起来却不是那么容易，皆因人心太复杂了。世上本无事，庸人却自扰。人们总是喜欢自寻烦恼，如果一味地计较个人得失，玩权弄术，损人利己，最终只能是自食其苦果。

职场中人应把职业当成事业，然而我们并不崇尚职场“工作狂”。因为职场人也是平常人，我们需要正常的工作和生活。因此，职场中必须保持一颗“平常心”。

首先，不能太过于“争强好胜”。人与人是不同的个体，同时也拥有不同的个性。个人不论是外貌还是能力，都是不一样的。也就是说人与人之间是不平等的，总有高低强弱之分。在差距之下，把握好自己那颗“争强好胜”之心，根据自己的能力、自己目前的现状来制定自己的目标。

其次，游刃有余地处理工作和生活的关系。一山还比一山高，要自信，但不骄纵，如今的社会人才济济，竞争激烈，我们要有欣赏别人的心胸，更要保持心理平衡。情绪大起大伏，是绝对无法保持“平常心”的。不刻意与人攀比，学习别人的长处，努力提升自己，让自己成为永葆“平常心”的职业人。

再说，保持“平常心”也是职场减压的法宝。术业有专攻，我们不可能一人独占所有的第一，当然别人也无法抢走属于自己的第一。老想着表现自己的超强能力，把别人踩在脚下，只会让自己成为众矢之的，只会带给自己无尽的压力。来自工作的压力，或许已经让我们疲惫不堪了。如果因为同事之间的互相攀比，互相打击压制，只会让我们不堪重负，伤身伤人更伤心。

名校毕业、成绩优秀、能力出众的王强刚到一个新单位工作时，为了突出自己的能力，不仅把自己的工作做得很好，还处处帮助同事。

可他渐渐发现，同事们个个都疏远他，部门主管也时常刁难他，这让他感觉压力很大。后来听到同事在背后的“议论”才意识到，自己在他们眼里是一个“锋芒毕露、争强好胜的人”，看似帮助同事，实则在为自己的功劳簿上添功。

职场中有很多人都认为，在工作中一定要突出自己的能力，只有这样才能坐稳自己的位置，因此，在工作中处处争强好胜，而且总爱把别人比下去，把自己的能耐表现出来。但他们没有想到，过犹不及，处处锋芒毕露只能引起同事的反感，同时也给自己增加了很大的压力。

争强好胜的人往往过得不快乐，因为他们忘了保持一颗平常心是快乐的秘密。

工作的目的，是为了集体的利益，为了团队的利益，而不是为了让自己一人独领风骚。所以，争强好胜的职场人，让自己的心返璞归真，保持平常，才有工作快乐可言。

5 甘做一颗小小的螺丝钉

雷锋，一个全世界都知道的名字，他不仅是一个名字，更是一种精神。在谈到个人与集体、局部与整体的关系时，雷锋用了一个十分形象、贴切而又生动的比喻，他把国家、集体、比作一架大的机器，而每个人则是这大机器上的一颗颗螺丝钉，一个个齿轮……他常常把自己比作一颗小小的螺丝钉，但却要做到这颗小小的螺丝钉永不生锈、永远发光。

雷锋的“螺丝钉”精神，正是当代职场上需要的静心工作、安于平凡、从不抱怨的新时代职业精神。

小林毕业后，很幸运地应聘进了深圳一家日企工作。由于他十分珍惜这个工作机会，做人做事都很用心，多次获得晋升，公司决定选派他赴日本总公司“研修”，进一步学习技术知识，提升技术和管理水平。

来到日本，他被安排到总公司旗下的一家工厂一线进行实习。车间里，带他实习的是位50多岁的老师傅，不仅待人真诚，传授技术也很尽心，只要是技术问题，都会毫无保留、热心施教。而且，师傅对他这个实习生要求也很严格。

有一次维修机器时，一颗螺丝钉不见了，怎么找也找不到。他当时并未往心里去，按照一贯想法，找不到就再领一颗，这并不是什么要紧的事情。但师傅不这么看，他费力地弓下身子，开始一遍遍地寻找，最后把维护机器的每一个细节都梳理了一遍，却仍未找到那颗螺丝钉。

这时候，下班的时间到了。他提醒师傅该下班了，哪知师傅责备地望了他一眼，宣布要加班。这是不是有点小题大做了？但他不好作声，只得默默地陪着师傅继续寻找。最后，他们终于在机器下面找到了那颗螺丝钉。师傅将它安装到位，又将机器反复调试，确认没有任何问题后，这才长吁一口气，宣布下班。

这颗小小的螺丝钉，给他的实习生涯烙上一记难以磨灭的印记。后来他了解到，为了赶工期，按时完成产品生产任务，师傅经常会主动放弃休息，每天至少加班两个小时。就像这次的寻找螺丝钉事件，多么平常的一件小事，却让他从中领悟到了一种非同寻常的意义：第一，职场无小事，任何细微的事情都要认真地做好；第二，职场平凡工作岗位同样能做出不凡的业绩，就像一颗螺丝钉，虽小但作用很大。

几个月后，当他“研修”结束，从日本归来，回到自己的母校向新生作就业报告时，忍不住向大家深情地讲述了“一颗螺丝钉的故事”。他激动地说：“诚然，在庞大的企业里，每位员工只是一颗渺小的螺丝钉，是很不起眼的。但是，一颗敬业的螺丝钉，又是不可或缺的，无论放到哪里都会闪光，都能体现它自身的价值，所以我们要静下心来好好工作，不能因为自己的工作平凡而生抱怨。”

任何一个企业，都是因为有了无数敬业的“螺丝钉”，才能正常地运转，才能快速地发展。我们每一个员工都要甘做一颗小小的螺丝钉。

张国兴就是镇江港务集团的一颗兢兢业业、静心工作的“螺丝钉”。17年来，他扎根于修理岗位，潜心钻研技术，勇于创新，甘于奉献，以优良的作风和精湛的技术，带领修理人员攻克了一个又一个设备维修难题，为港口事业发展贡献力量，先后被授予“镇江市劳动模范”、“江苏省劳动模范”、全国“五一”劳动奖章等荣誉称号。

1993年进港以后，张国兴被分配到原港务三公司，从事内钳修理工作。在一般人看来，修理工又脏又苦又累，一天下来，满身污渍，一身油味。可是，张国兴认为：“无论做什么事情都要认真，既然干这行，就要干好！”不管白天晚上，不管刮风下雨，只要有修理任务，张国兴总是冲在前面。他常常主动向同事请教，逐个单词、逐个句子对资料进行注解，一页一页地学，一项一项地啃，卡特发动机的技术性能、参数资料在他的笔记本上写得密密麻麻。经过几年的历练，张国兴对装载机、自卸车、叉车、抓钢机、挖掘机、汽车吊、集卡等港口主要内燃设备修理技术已经了然于胸，凭借勤勤恳恳、精益求精的工作作风，他开始担任内钳修理班班长。

担任班长以来，张国兴养成了一个习惯——早上第一个来到修理班，晚上最后一个离开修理班。每天早晨，他比规定上班时间提早半个小时来到班组，先查看夜间生产作业中未修理的车辆，然后来到班组活动室，开始安排一天的修理任务，接着到各个修理点进行巡查，对难点和疑点进行指导，有时亲自上阵修理。“设备是生产的保障，维修又是设备正常运行的保障，对设备故障处理，小问题不过班，大问题不过夜。”

在做好日常维修和班组管理的同时，张国兴把主要精力投入到内燃设备的技术革新上。他带领班组人员对9台柳工50C型装载机6135发动机进行技术改造，果断拿出了“增大压缩比，增强动力性”的革新方案。经过载荷试验，压缩比从20增至26，发动机动力性和经济性明显增强。目前，改造后的发动机有

3台正在使用。

在日复一日的修理过程中，张国兴的身体落下了一些病根。一次，在抢修发动机时，他感觉气闷，右胸隐隐作痛。大伙赶紧把他送到医院检查，医生说他用力过猛岔了气，需要住院做手术。可出院没几天，他又出现在了修理现场。同事和领导劝他回家休息，他摇摇手说："这点小伤不算什么，想着这些设备，过来看看心里踏实。"

2008年8月，"张国兴劳模工作室"成立，这是集团公司第一个劳模工作室，也是镇江市第一个企业劳模工作室。在一次抢修中，张国兴突然感觉腰部剧烈疼痛，无法站立起来，当时，他什么也没说，缓了缓气，继续投入工作。直到2009年2月份，张国兴被送进医院，诊断为"腰椎间盘突出"———第三、第四根脊髓凸出，第五、第六根脊髓严重移位，动手术后又住院一个多月，现在他的脊髓里还留着一块钢板。但工作中的张国兴依旧全力以赴，生龙活虎。

从张国兴的故事里可以看出，我们职场中人，只要有甘做一颗企业需要的螺丝钉，而且是不可替代的螺丝钉的精神，安心做好自己的本职工作，努力创造出自己的价值，你的职场之路就会顺利得多，你离成功也会越来越近。

6

消极抱怨最终损害的是自己

日常工作中，总会碰到这种人——他们总是抱怨天气太冷或者太热，上司性情古怪，食物吃起来味同嚼蜡，工作又让人厌烦……无论事情多么好，他们也总是看到它不足的地方。而且，他们总是不厌其烦、尽可能大范围地向周围的人发出关于这不好那不好的抱怨。

其实，人在遭遇挫折和不公正待遇时，会产生种种抱怨情绪，这是正常的心理反应。但是，如果一个人长期处于抱怨情绪中，总是把抱怨的矛头不断地对准别人，就会产生负面效应。因为抱怨的人不会静下心来好好工作，何况抱怨之声总会令人反感，如果传到老板的耳朵里，还会让他觉得这是一个不好好工作的人。

抱怨是一种无能的表现。一位成功人士曾经说过："有所作为是成功人士的追求，而抱怨则是无所作为的平庸之辈的温床。"任何事情，即使再抱怨，也不可能解决问题，相反，只能徒增烦恼。

曾经有一位男孩，不但外表丑陋，而且患有严重的气喘症，说话也含混不清，几乎没人听得懂，但就是这位男孩，后来成为了美国第二十六任总统。他就是罗斯福。

罗斯福成功的秘诀是什么呢？那就是，不抱怨，多努力。天生的缺陷没有使他自怨自艾，而且，它造就了罗斯福一生的奋斗精神。他经过长期的锻炼和学习，不仅克服了气喘的毛病，而且拥有了一副好体魄。更让人吃惊的是，以前说话含混不清的他，通过刻苦自砺和积极参加社会活动，社交能力和口才也得到了大幅度的提高。上大学后，他还常常利用假期，到亚历山大去追逐牛群，到洛杉矶去捕熊，到非洲去捉狮子。这些，为曾经缺陷明显的罗斯福树立了一种勇敢强壮的形象，为他以后成功竞选总统奠定了坚实的基础。

据说，中年的罗斯福还因故得过小儿麻痹症，坐在轮椅上的他，依然是那么的坚强和自信。他说："我就不相信这种娃娃病能够击倒一个堂堂男子汉！我要战胜它！"后来，在自己的积极努力下，他终于站起来了。几年后，罗斯福竞选纽约州州长成功。

罗斯福为我们职场人树立了一个经典的榜样，他的成功经历告诉我们，任何消极抱怨都对工作毫无帮助，而且最终损害的是自己。

某企业员工小周偶然在一次聚会上遇到了自己曾经最尊敬的老师，于是忍不住向老师大吐苦水："我没有想到我的人生竟然如此糟糕,我一点都不喜欢现在的工作,整天无所事事,完全就是在浪费生命,而且老板也不重用我,根本就不给我机会。工资也很低,只能维持基本的生活。我真是愧对老师的一场栽培啊!”

老师吃惊地问:“你真的不满意自己的工作吗?是不是在工作中总是提不起精神?”

小周回答:“是啊,我没有什么事情可做,又找不到更好的发展机会,只能这样先干着再说了。”

老师听后,很严肃地说道:“其实并不是你的工作真的很糟糕,而是现在你被自己的思想限制住了。你总是认为工作状况不好,这种想法在你的脑中已经形成了固定思维,如此一来,你的心里就会充满抱怨,抱怨自己的工作现状。这样的话,你还能有什么突破呢?”

老师的一席话,让小周长久以来形成的心结打开了,他突然发现都是自己的抱怨束缚了自己的工作积极性,给自己的工作带来了消极的影响。

接着老师又说道:“没有职业是完美的,人在职场上打拼,难免会碰到烦恼,这个时候,如果你只是一味地抱怨,抱怨自己的工作不好、公司制度的不合理、老板太苛刻、职业没前途,只能让你丧失更多成功的机会,因为抱怨会削减你的工作热情,让你看不到工作的意义,使你陷入困境之中。”

小周听了老师的话,顿觉豁然开朗,终于明白了长期以来事业无法获得突破的瓶颈所在。他终于明白抱怨确实是一个很大的毛病,不仅使自己无法静下心来好好工作,还是阻挠事业前进的最大障碍。

一个人爱抱怨的根源是什么?

不满意。不满意源自于不接受。人到这个世界上来,面对任何不如意的事情,你只有两个最便捷的手段:第一,接受;第二,改变。抱怨实际上是在接受之前给自己筑起了一道屏障:这事对我不公平,这样的事情怎么能发生在我的身上?我怎么能接受这样的事实?所以我要去对别人诉说,要证明我的无辜和委屈。其实,在抱怨的时候,你已经失去了改变这件事情的机会。

其实，职场中人应该时常检讨自己的言行，而不是动辄批判别人，抱怨别人，只有这样，才能让自己进步，在反思自己的言行中有所提升。

7 问题不会因抱怨而解决

在日常的生活和工作中，我们听到的最多的是什么？是赞美，还是抱怨？很遗憾，答案是后者。抱怨已成为人们最容易产生的情绪。可以说，只要有人的地方就有抱怨，这个世界的方方面面，无不处在人们的抱怨之下。

上司不好，抱怨；下属不好，抱怨；经济不景气，抱怨；生活环境不好，抱怨……任何人在职场上遇到不公平的待遇的时候，情绪总会产生一些变化，或者会发牢骚，或者会发脾气。但是，不管你如何气愤，事情都不会因你的愤怒而改变。大多数时候，牢骚和脾气只是一种发泄自己怨气的手段，久而久之，这些牢骚就会变成抱怨，抱怨如果得不到正确的处理，就会让自己感觉很委屈，进而影响到自己的工作和生活。其实，抱怨不但解决不了任何事情，还会让自己陷入苦恼的境地。

是的，抱怨根本解决不了任何问题。谁又能靠抱怨成为成功人士呢？相反，抱怨反而会把问题带向更加复杂的一面，给我们带来诸多严重影响。

建明和建辉是两个同龄的年轻人，他们两个同时受雇于一家蔬菜零售公司，并且拿同样的薪水。可是，过了两年之后，建辉青云直上，不断加薪，而建明却仍在原地踏步。

建明很不满意老板的不公正待遇，终于有一天他到老板那儿去发牢骚，把自己满腹的怨气全部发泄出来。

老板坐在椅子上，悠闲地眯着眼睛，一边耐心地听着他的抱怨，一边在心里盘算着怎样向他解释清楚他和建辉之间的差别。

当建明的抱怨告一段路之后，老板开口说话了。他说："建明，你明天早上到集市上看看有没有农民拉土豆在卖。"

第二天，建明从集市上回来向老板汇报说："集市上只有一个农民拉了一车土豆在卖。"

"哦，那个车上有多少土豆？"老板饶有兴趣地追问。

建明赶快戴上帽子，又跑回到集市上，然后回来告诉老板说："一共 40 袋土豆。"

老板又问："价格是多少？"

建明吐了一下舌头，又第三次跑到集市上问了土豆的价格。

当建明第三次气喘吁吁跑来汇报时候，老板对他说："你已经很辛苦了，现在请你坐在这把椅子上一句话也不要说，请你看一下，针对同样一件事，别人是怎么做的。"

过了一会，建辉听从老板同样的吩咐也从集市上回来了，他向老板汇报说："到现在为止，集市上只有一个农民在卖土豆，一共 40 袋，价格是每公斤 3.5 元，土豆的质量很不错。"同时，他还带回来一个土豆的样品让老板看看。另外，他不仅问了土豆的行情，而且还发现农民车上还带了一些西红柿，因为昨天零售店里的西红柿卖得很快，库存已经不多了。他想这么好的西红柿，老板肯定要进一些货的，所以他不仅带回了一个西红柿做样品，而且把那个农民也带来了，他现在正在外面等回话呢。

此时，老板转向了建明说："你现在肯定知道为什么建辉的工资比你高了吧？"

听了老板这话，建明羞愧地低下了头，久久说不出一句话。

其实，在职场上，上司交代的任何事，可以做好，也可以做坏；可以做成 60 分，也可以做成 90 分。只有静下心来好好工作的人，才会把工作做到尽善尽美。

静心工作的人从不抱怨，他们懂得任何问题都不会因抱怨而解决，反而只能越来越糟。静心工作的人往往比他原来承诺的做得要多，所以总是能够获得更好的发展空间。而那些自己看不到自己缺点，却一直喋喋

不休、抱怨不止的人，往往会沦为职场的失意者。

为什么说问题不会因抱怨而解决呢？

首先，抱怨会破坏我们原本积极的潜意识。曾经抱怨过的人都知道，只要我们的头脑中一有抱怨的意识，我们立即就会停下或者放慢手中的工作，为自己鸣不平、拉选票，甚至不顾一切地找到对方讨个公道。如果得不到他们想要的结果，不是大骂世事不公，就是哀叹老天无眼。久而久之，不仅直接影响工作和生活，还会影响心情和心态。

其次，抱怨会破坏人际关系。没有人会喜欢一个消极、负面的人，更没有人愿意忍受你的牢骚和坏脾气。不满的情绪，必然会破坏内心的平静，进而影响工作和整个团队，接下来势必会带来更多的抱怨和相互抱怨，甚至成为致祸的根源。如果抱怨成了一个人的习惯，就像搬起石头砸自己的脚，于人无益，于己不利，生活就如牢笼一般，处处不顺，处处不满。反之，停止无用的抱怨，用积极的心态去面对生活，那么生活也会回报给你更多的快乐。

8 静下心来，远离抱怨是智者

无论在工作中，还是在生活中，我们都会看到这样一类人：总是心不平、气不顺、看不惯，怨这怨那，横挑鼻子竖挑眼。抱怨社会不公平，抱怨付出多、薪水低，抱怨上级不公平，抱怨单位制度不合理，抱怨工作艰辛，抱怨身边的人，抱怨人生不如意……凡此种种，这样的人永远是怨气十足，心情愤懑，永远以貌似“正确”的眼光挑剔着身边的人与事，犹如掉入了抱怨的陷阱一样不能自拔，全无一点快乐与宁静。

一味抱怨，以貌似“正确”的眼光挑剔事物，采取否定消极的态度，只会害了自己；一味抱怨，就像思维吞噬了一种慢性毒药，让我们的大脑中毒，我们的人生态度、行动都会被“抱怨”这种强烈的毒性感染；一味抱怨，就如心中长了一颗毒瘤，偷走激情，错失机会，蹉跎岁月，忽略身边的幸福；一味抱怨，我们的意志不断受到消磨，就像可以“溃堤”的蚂蚁一样，精神之堤瞬间被生活的洪水化为乌有；一味抱怨，就会让自己的双眼迷失，找不到灵魂的出路，囿于抱怨的牢房。让我们静下心来，仔细观察身边那些已被“抱怨”侵袭的人，他们有没有因抱怨而变得快乐呢？他们有没有因抱怨而变得积极呢？他们有没有因抱怨而获得幸福呢？他们有没有因抱怨而走向成功呢？

经常抱怨的人会失去前进的动力，会失去追求的方向，变得懈怠，变得怨天怨地，变得刻薄无理，变得自以为是，变得对一切都无所谓，变得充满沮丧，变得遇到些许挫折就会放弃。也有人将抱怨形容为“口臭”，当它从别人的嘴里吐露时，我们就会注意到；但从自己的口中发出时，我们却能充耳不闻。在团队里面也是如此，只传递负面消息会动摇团队“军心”，绝对是自毁前程的不明智之举。

上海话剧艺术中心演员奚美娟在一次发言中说：一个演员最重要的是要静下心来练本事。常常有年轻演员跟我说，时间不够，他们要只争朝夕。问题是，怎么“争”？我给他们的忠告是：静下心来，别浮躁、别抱怨，先把真本事练好。像任何一种专业性很强的职业一样，一个演员要成功，靠的是“表演实力”。

生活中一切，人多时候是很美好的，只是我们看事物的时候站在了它的阴暗面而已，换个角度，换种思维，得到的将是不一样的感受。我们每个人的工作、生活的环境，总会有这样或那样的许许多多的不如意，但这些都不能成为我们懒惰、不思进取的理由，也更不能因此变得放任、消极、随波逐流。无论遇到什么样的困难或是不公，都不必怨天尤人，要用行动改变自己，静下心来，努力经营好自己的人生，永远不要报怨，远离抱怨是智者。

对于任何一个员工，对自己所在的职位抱怨不已是没用任何的作用的，其实我们不应该把精力放在自己没有升职上，而应该将注意力放在为什么自己没有升职上，找到自己的欠缺，给自己一个准确的定位。我们不能一味地抱怨现状，而应为自己将来的提升，做好准备工作。

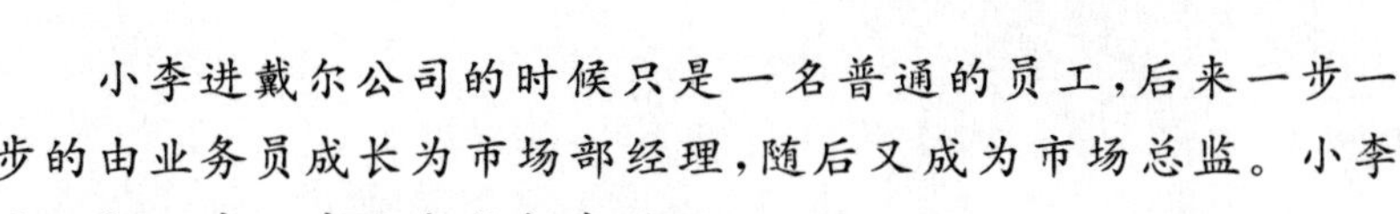

小李进戴尔公司的时候只是一名普通的员工，后来一步一步的由业务员成长为市场部经理，随后又成为市场总监。小李是如何一步一步地成长起来的呢?

他自己总结的经验是：静下心来远离抱怨，从自己的“短板”着手。首先，小李从掌握各项营销推广政策入手，进行学习，在自己的弱项上面强化训练。后来他发现，缺乏市场锤炼和亲身的市场销售能力，这是他工作中最大的软肋。于是静下心来，抛开杂念，全身心地投入到市场中去，自从有了这些深刻全面的认识，小李的工作业绩直线上升，工作素质也相应得到提高。

许多奋战在职场一线的人，都深知抱怨对工作及生活的危害，他们都深刻地认识到这样一个道理：要想在职场上有所作为，必须远离抱怨!

远离抱怨，正视自己，为自己准确地定位。你会发现，在工作中演绎好自己的角色才是最美好的事情。

远离抱怨，改变自我，发现全新的自己。你会看到，自己会每天都有笑容，抱怨之外的世界分外美好。

远离抱怨，接受现实。你会看到曾经忽视的风景，家人、朋友、社会，原来都是美好的，只因自己被抱怨的迷雾遮住了双眼。

远离抱怨，学会感恩。你会感受到爱的涌动，温暖的气息遍布周围的世界，从而世间最美的风景。

远离抱怨，善于放下。你会感到没有了烦恼，一时间，看透了得失，懂得原来放下也是一种快乐。

远离抱怨，学会吃亏。你会体会到原来自己不是孤独的，才理解吃亏是福，吃亏是一种“快乐”的投资。

远离抱怨，偶尔糊涂。你会感到“难得糊涂”的真谛，方懂得做人有时少一些计较，会多一份美丽。

静下心来好好工作，远离抱怨，做一名生活的智者。

第四章

静下心来，坚强自信不悲观

爱默生曾说：“自信，是使人走向成功的第一秘诀。”一个人只有相信自己，才能激发进取的勇气，才能感受生活的快乐，才能最大限度地挖掘自身的潜力。每个人的生活道路上不全是鲜花和美酒，风雨坎坷在所难免，面对人生困难是前进还是后退，是坚强还是退缩，往往取决于我们的自信与否。当你怀疑自己的能力，被自卑感所控制时，就觉得自己不如他人，必将一事无成；当你拥有了信心，采取了果断行动，许多问题就将迎刃而解。所以说，自信能使职场人保持最佳心态，增强进取的勇气。

1

坚定自己的信念

在一片茫茫无垠的沙漠中，一支探险队在负重跋涉。阳光很剧烈，干燥的风沙漫天飞舞，而口渴如焚的队员们没有了水。

这时候，探险队队长从腰间拿出一只水壶，说："这里还有一壶水，但穿越沙漠前，谁也不能喝。"

那壶水从队员们手里依次传开来，沉沉的，一种充满生机的幸福和喜悦在每个队员濒临绝望的脸上弥漫开来。终于，探险队员们一步步挣脱了死亡线，顽强地穿越了茫茫沙漠。他们相拥着为成功喜极而泣的时候，突然想起了那壶给他们精神和信念以支撑的水。

拧开壶盖，汩汩流出的却是沙子。

在沙漠里，干燥的沙子有时候可以是清冽的水——只要你的心里驻扎着拥有清泉的信念。

是什么使他们挣脱了死亡线？是信念——一壶水的信念，使他们走出了沙漠。没有这份坚定的信念，他们很可能陆续在沙漠中倒下，与这些干燥的风沙永远相伴！

信念是呼吸的空气，是沙漠中旅人的饮水，是我们心中的太阳。信念坚定的人，为它无怨无悔地工作，尽心尽力地奋斗，克服前进道路上的坎坷与荆棘，取得辉煌的成就。

愚公的信念是平掉屋前的两座高山，于是他带领子孙挖山不止，直到感动了天帝；爱迪生怀着发明电灯的信念，先后找了 1600 种耐热材料，反

复试验近2000次，终于发明了世界上第一盏电灯；中国女排运动员们怀着摘取世界冠军桂冠的信念刻苦训练，顽强拼搏，终于获得“五连冠”的殊荣。

如果把人生比之为杠杆，信念刚好像是它的“支点”。具备了恰当的支点，就能成为一个强有力的人，一个大写的人。

罗杰·罗尔斯是纽约历史上第一位黑人州长。他出生在声名狼藉的大沙头贫民窟。在这儿出生的孩子，长大后很少有人获得过体面的职业。然而罗杰·罗尔斯是个例外，他不仅考入了大学，而且成了州长。在他就职的记者招待会上，罗尔斯对自己的奋斗史只字不提，他仅说了一个非常陌生的名字——皮尔·保罗。后来，人们才知道，皮尔·保罗是他小学的一位校长。

1961年，皮尔·保罗被聘为诺必塔小学的董事兼校长。当时正值美国嬉皮士流行的时代。他走进大沙头诺必塔小学的时候，发现这儿的穷孩子比“迷惘的一代”还要无所事事，他们旷课斗殴，甚至砸烂教室的黑板，当罗尔斯从窗台上跳下，伸着小手走向讲台时，校长对他说：“我一看你修长的小拇指就知道，将来你是纽约州的州长。”

当时罗尔斯大吃一惊，因为长这么大，只有他奶奶让他振奋过一次，说他可以成为5吨重的小船的船长。这一次皮尔·保罗竟然说他可以成为纽约州的州长，着实出乎他的意料，他记下了这句话，并且相信了它。

从那天起，纽约州州长就像一面旗帜。他的衣服不再沾满泥土，他说话时也不再夹杂着污言秽语，他开始挺直腰杆走路，他成了班主席。在以后的40多年间，他没有一天不按州长的身份要求自己。51岁那年，他真的成为了州长。

在他的就职演说中，有这么一段话，他说：“在这个世界上，信念这种东西，每个人都可以免费获得，所有成功者最初都是从一个小小的信念开始的。”

当然，信念不是盲目的痴人说梦，信念必须自己有把握，胸有成竹。凡是使用过电脑的人相信对“微软”这家公司不会陌生，然而大多数的人只知道它的创始人之一比尔·盖茨是个天才，却不知道他为了实现自己的信念曾孤独地走在前无古人的路上。

当时盖茨发现，在墨西哥州阿布凯基市有家公司正在研究发展一种称之为“个人电脑”的东西，可是它得用 BASIC 程序语言来驱动，于是他便着手开始进行写这套程式并决心完成这件事，即使他并无前例可循。盖茨有个很大的长处，就是一旦他想做什么事，就必有把握给自己找出一条路来。在短短的几个星期里盖茨和另外一个搭档竭尽全力，终于写出了一套程式语言，因而也使得个人电脑问世。

盖茨的这番成就造成一连串的改变，扩大了电脑的世界，三十岁的时候成为一名亿万富翁。的确，有把握的信念能够发挥无比的威力。

信念的力量无疑是巨大的，它是向前的动力，让人们始终朝着向往的地方前进，永不停止从不回头，直至到达目的地。

当苏武被流放到北海时，那里的生活条件、气候条件都非常艰苦。天下雪，苏武就躺在地窖嚼着雪和毡毛一同吞下去。很多时候他只得挖野鼠储藏在穴中的野果来吃。别人看到他没死，都还以为他是神。当匈奴帝单于想要封他公爵，给他锦衣玉食时，他断然拒绝。他不追求荣华富贵，功名利禄，因为他知道，他所要报效的朝廷不在这里。他被扣留在匈奴共十九年，当初是在身强力壮时出使的。等到回来时，胡须和头发都白了，宛然成为一个瘦弱的老人，但他绝不后悔当初自己的选择。

他靠的是什么？靠的就是坚定的信念！一个人一旦失去了信念，他等于什么都没有了。

在职场，静下心来，坚定自己的信念，你会收获丰富，你会得到成功。无论你做的是多么平凡的工作，继续追求你所追求的，不要放弃，坚守信念，你会有成功的那一天。

2

学会为自己喝彩

每个人都需要得到鼓励和赞扬，职场中人也不例外。许多人做出了成绩，往往不自觉地期待着别人来赞许。其实光靠别人的赞许还是不够的，要保护自己的自信心和成功信念，不妨花些时间，恰当地给自己一些奖励。

学会为自己喝彩，就是最恰当的鼓励方法。

许多每天从事推销的业务员都有这样的经验：如果早上起来，心情不佳，自忖无法应付即将面对的难缠的客户时，便会将成交率高的客户，作为首先拜访的对象，待成交几笔交易，自信心充足以后，再去拜访其他较难缠的客户。这种方式不但可使心情由阴郁变开朗，还可以确保一天的业绩。

实际上，他们所需要的，正是一种能充实自信心的成就感。成功者善于爱护和不断地增强自己的自信心，他们懂得如何"给自己喝彩"。

一个不信任自己的人，一个悲观处世的人，一个只是把自己的成果当做侥幸的人，不可能成为成功者。成功者同他们的态度是截然不同的。

成功者在找到了自己的目标后，总是以强烈的进取精神千方百计地去创造条件，去实现目标，从而大大增加了自己成功的机会。即使遇到挫折，他们也会积极进行分析，调整自己的心态，去进行新一轮的努力。而当事情有了进展，他们往往能充分肯定自己的已有成就，并以此来增强自己前进的勇气。

所以说，要保护自己的自信心和成功信念，不妨花些时间，恰当地给自己一些奖励。

有一位美国作家，他是靠为报社写稿维持生活的。他给自己订了一个目标，每周必须完成两万字。达到了这一目标，就去附近的中国餐馆饱餐一顿作为奖赏;超过了这一目标,还可以安排自己去海滨度周末。于是,在唐人街和海滨的沙滩上,常常可以见到他自得其乐的身影。

这位美国作家的工作方法,颇有一定的道理。不可否认,职场中人要承受的压力太大,有来自于生活的,也不乏工作的,多种压力下,人们的思想很容易产生偏颇,有的甚至表现出力不从心,对自己工作抱着不求有功,只求无错的心态,对自己设立的目标感到很茫然,有的干脆没有什么目标。有这样的心态显然是在多种压力下没有客观地分析自己,没有恰到好处地剖析自己的长处,也就是我们平常说的不会欣赏自己,不懂得为自己喝彩。看不到自己的长处在哪里,找不到闪光点,就无法给自己准确定位,也就把握不准前进的方向。因此,学会为自己喝彩非常重要。

曾有一位基层单位的修理工,由于他技术过硬,手到"病"除,年年高质量地完成了车辆维修任务,深受领导和职工们的好评,人们给他一个"车辆修理专家"的称呼。当大家一致推荐他去参加更高一层技术修理比赛时,他却显得很没有信心,底气不足。这是对自己欣赏不够的表现,是平时不懂得为自己喝彩而造成的。

学会为自己喝彩是挖掘自我内在潜力的基础。人只有学会欣赏自己,才能更好地把握自己,也才能更好地找准立足点,客观地对自己做出评价,才能不偏离奋斗的航向,也才能更好地发挥自己的专长,在自己的工作岗位上有所创新,有所收获,只有在懂得为自己喝彩的前提下,才会得心应手地去工作。

平时在我们的生活圈子里,别人事业的成功、仕途的荣升、孩子高考取得了好成绩,都令我们眼前一亮,为他们喝彩,觉得他们是最幸福的人。我们总是习惯成自然地为他人喝彩,欣赏他人。而当你事业前途一片迷茫时,或生意上一败涂地时,你是否心灰意冷,连死的心也都有了?这时你可曾给自己鼓足勇气:"没什么,以后会好的,别后悔,这只是上帝同你开了个玩笑,你行,你一定行!"越是在人生失意、事业不顺的情况下,自己一定要给自己打气,世上没有过不去的火焰山,没有趟不过去的河!

你如果学会了为自己喝彩,这时你会发现自己身上还有许多闪光的地方,只是平时你没有留意罢了。这时你会对自己进行重新估价,选择一

条适合你发展的道路。俗话说得好："尺有所短，寸有所长"每个人身上都有自己的长处或闪光点，关键在于会不会欣赏，能不能发现。能欣赏自己，就会少一些抱怨，多几分洒脱，坦然走自己的路，会为自己喝彩，就能扬起奋斗的风帆，驾驭希望之舟驶向理想的彼岸。

有一个年轻人大学毕业后，被分配到某所中学任教，因口齿不清，被拒绝上讲台授课，他对自己失去了信心。一位前辈知道了这件事，就找他谈心，说："既然教不成书，何不搞科研？"后来这位年轻老师在前辈的鼓励下，重新估量自己，觉得自己语言表达能力太差，但智商并不低，于是他决定搞科研，几年下去，成果不断，名利双收。

欣赏自己绝不是抬高自己，而是总结经验教训，客观公正地对自己进行检讨，找寻人生的突破口。

学会欣赏自己的人是自信的人，懂得为自己喝彩的人是坚强的人。如果一个人太崇拜和羡慕别人，也会失去自我。就像萤火虫从来就不崇拜和羡慕太阳一样。

当然，为自己喝彩的同时，也别忘了为别人喝彩。善于把别人的优点变成自己的优点，在欣赏中不断充实自己，完善自己，提高自己，到时不仅自己为自己喝彩，别人也会为你喝彩。

3 在困难面前决不低头

职场工作中有很多困难是不能逃避的，无论多么艰难，都应该直面挫折，不向困难低头。

流传着这样一个故事：

有三兄弟在乡下一直过着贫穷的日子，一天，他们相约去城市发财，在通向城市的路上遇到了岔路口，三人选择了不同的方向。十年后，两个哥哥依然在乡下过着贫穷的生活，而弟弟却在城里站稳了脚跟，然后衣锦还乡了。

两个哥哥说他们选择错了路，那两条路越走越窄，甚至还有野兽出没，他们只好放弃，做了逃兵。弟弟说他选择的那条路和哥哥差不多，只不过他一直走下去了，绝路后头就是另一番天地。

后来有人说，其实他们三人所走的路都能通向城市，只是看谁能坚持不放弃，胜利属于在困难面前不低头的人。

是的，谁都难免会受挫折，只要坚持不懈，不向困难低头，通过自己的拼搏，最终突破逆境，总会看到希望的春天。只要你不服输，你总有机会可以重整旗鼓、东山再起。如果你甘心承认失败，那才是彻头彻尾的一无所有。

1940 年 6 月 23 日，威尔玛·鲁道夫出世了，由于她是早产儿，这注定了她的先天性发育不良。4 岁那年，威尔玛不幸同时患上了双侧肺炎和猩红热。她又因猩红热引发了小儿麻痹症，她的左腿因此残疾了。

在 5 年期间，母亲把所有听说的偏方都试了，并号召全家人一有时间就帮她按摩！

奇迹终于出现了！威尔玛 9 岁那年的某一天，她独立站了起来。母女俩 4 年的辛苦和期盼终于有了回报！

11 岁之前，威尔玛只能依靠钉鞋行走。11 岁那年的夏天，威尔玛摆脱了钉鞋，独立行走了！

13 岁那年，威尔玛决定参加短跑比赛。学校的老师和同学都不认可她。可威尔玛凭着惊人的毅力和顽强的拼搏精神，一举夺得了 100 米的和 200 米的短跑冠军，令所有人对她刮目相看。

在 1956 年奥运会上，16 岁的威尔玛参加了 4×100 米短跑接力赛，并和队友一起获得了铜牌。1960 年威尔玛在美国田径锦标赛上以 22 秒 9 的成绩创造了 200 米短跑的世界纪录。在

当年举行的罗马奥运会上，她参加了100米、200米和4×100米接力赛。每场必胜，获得了3枚奥运金牌。这一切都是她为了梦想刻苦努力，顽强拼搏的结果！

威尔玛实现了从腿麻痹——拄着拐杖走——靠钉鞋走——独立行走——参加跑步比赛——到成为奥运短跑冠军的惊人转变，在世人看来，这是一个奇迹，一个不可能发生的奇迹，可它的的确确发生了。当然，对于普通人来说，这是他们想都不敢想的"奇迹"，可对于一些有着顽强的毅力，永不向困难低头和敢于拼搏的人来说，这不是偶然的。

曾有一位心理学家做过一个试验：将两只大白鼠丢入一个装了水的器皿，它们会拼命地挣扎求生，一般维持的时间是8分钟左右。然后，他在同样的器皿中放入另外两只大白鼠，在它们挣扎了5分钟的时候，放入一个让它们爬出器皿的跳板，这两只大白鼠得以活下来。若干天后，再将这大难不死的大白鼠放入同样的器皿，结果真的令人吃惊：两只大白鼠竟然可以支持24分钟，3倍于一般情况下能坚持的时间。

这位心理学家最后总结说：前面的两只大白鼠，因为没有逃生的经验，它们只能凭自己本来的体力来挣扎求生；而有过逃生经验的大白鼠却多了一种精神力量，它们相信在某一个时候，会有一个跳板救它们出去，这使得它们能够坚持更长的时间。这种精神力量，就是积极的心态，或者可以说，就是那种永不向困难低头的精神。

永不向困难低头是一种心态，是永不言败、勇往直前的坚定信念，更应该是我们对待任何事情的基本态度。当我们面对困难的时候，不妨坚定一个信念，换一种思维，多一份努力，而不要轻言放弃，一定会有新的希望。希望就是力量，机遇会更欣赏那些内心总是充满希望的人。

英国著名的浪漫主义诗人拜伦就是一个在困难面前决不低头的人。

拜伦天生腿瘸，学校的同学经常因为这个原因嘲笑他、欺负他。有一天，在拜伦放学回家的时候，学校的"小霸王"凯斯强迫他去踢球，拜伦当然没有答应他的无理要求。凯斯把他按在地上，威胁他如果不跑一圈，就把他另一条腿也打断。拜伦只好一瘸一拐地慢慢挪动。拜伦摔在了地上，周围传来凯斯嘲笑的声音。拜伦忍着屈辱，在心里暗暗下决心：一定要与凯斯作斗争，洗去这一耻辱。

从此，爱睡懒觉的拜伦开始艰苦地锻炼身体。每天，天还没有亮，他就来到花园练习拳击。春天到了，学校要举行拳击比赛。凯斯经常在这种比赛上独领风骚。拜伦也报了名，并提出要和凯斯一组。

比赛那天，凯斯和拜伦展开了激烈的比拼，结果拜伦终于打败了凯斯。拜伦这种不服输的精神一直伴随着他，正是这种精神使他成为作家和诗人。

职场就像一场战争，我们要与许多东西作斗争，与命运，与困难，与挫折，与不平衡的心态等。然而现在有些员工却经不起一点点挫折和痛苦，一次失败，一度失意，就会令他们放弃对目标的追求。没有人打败他们，恰是他们自己打败了自己，他们当了自己的逃兵。

有一位哲学家曾说："命运的左岸是幸运，右岸是霉运。左、右都由你自己选择！"也就是说，只要我们敢于拼搏，永不向困难低头，就能战胜种种困难，抵达命运的左岸，就会拥有幸福的人生。

4

从哪里跌倒就从哪里爬起来

山谷的最低点正是山的起点，许多走进山谷的人之所以走不出来，正是他们停住脚步，蹲在山谷烦恼，不知道重新爬起来的缘故。无论做任何事情，都要一步一步来，从哪里跌倒就从哪里爬起来，能爬起来就是一种坚强。

史泰龙是美国著名的影视明星，因《洛奇》电影红遍全世界。没有人会想到他之前是一位穷困潦倒的人，即使把他身上全部的钱加起来都不够买一件像样的西服。当时，好莱坞共有500

家电影公司，他根据自己认真画定的路线与排列好的名单顺序，带着为自己量身定做的剧本前去一一拜访。

但第一遍下来，500 家电影公司没有一家愿意聘用他。面对百分之百的拒绝，这位年轻人没有灰心，从最后一家被拒绝的电影公司出来之后，他复又从第一家开始，继续他的第二轮拜访与自我推荐。

在第二轮的拜访中，仍然全部拒绝。第三轮也一样。他咬牙开始他的第四轮拜访，终于被第 350 家录用了，并请他担任自己所写剧本中的男主角。这部电影名叫《洛奇》。

史泰龙先后共计 1849 次跌倒，但他却做到了从那里跌倒从那里爬起来，成就自己人生的辉煌。如果他是在第一轮拜访或第二轮、第三轮拜访中放弃对梦想的追求，那他也不会成就自己的电影事业。

华人首富李嘉诚也是一位历经艰难而坚强自信的成功企业家。

当年，长江塑胶厂在创办初期经历了惨淡经营期。由于盲目扩张，承接了过多订单，再加上人手不足，工厂的设备极其简陋，影响了生产进度和质量。仓库积压了大批因质量问题或因交货日期推迟而被退回来的产品。屋漏偏逢连夜雨，那些塑胶原料商看到李嘉诚四面楚歌，也纷纷上门催缴原料费。资金链断链、亏损日渐严重，公司一下子陷入濒临破产的绝境。

在那次危机中，李嘉诚付出了惨重的代价。直到现在，李嘉诚回想起那场危机仍心有余悸。

其实，失败并不可怕，可怕的是，失败后一蹶不振。在哪里跌倒就从哪里爬起来，让自己充满信心，保持清醒的头脑，然后迎头赶上，这才是最好的补救良药。经过一番洗礼之后，李嘉诚开始静心思考国际形势变化，理性经营，在以后的从商生涯中披荆斩棘，终成正果。

人不可能总是一帆风顺，如果跌到了就此趴下，一蹶不振，永远不会到达成功的巅峰，而跌倒了再爬起来的人，总是会有成功的希望的。让我们来看看这样一个人的简历：

1818 年（9 岁），母亲去世；1831 年（22 岁），经商失败；1832 年（23 岁），竞选州会员落选；同年（23 岁），工作丢了。想就读法学院，但未获入学资格；1833 年（24 岁），向朋友借钱经商；同年年底(24岁),再次破产。接下来,他花了16年的时间才把债还清;1834年(25岁),再次竞选州议员,这次他赢了;1835年(26岁),订婚后即将结婚时,未婚妻死了;1836年(27岁),精神完全崩溃,卧病在床六个月;1838年(29岁),争取成为州议员的发言人——没有成功;1840年(31岁),争取成为选举人——落选了;1843年(34岁),参加国会大选——又落选了;1846年(37岁),再次参加国会大选——这回当选了;1849年(39岁),追求国会议员连任,失败;1854年(45岁),竞选美国参议员,落选;1856年(47岁),在共和党内争取副总统的提名——得票不足100张;1860年(51岁),当选美国第16届总统,成为历史上最伟大的总统之一。

这个人就是林肯。生下来就一无所有的林肯,终其一生都在不断地跌倒,他也曾经绝望至极,但他还是一次次地爬起来,林肯在竞选参议员落败后曾说过这样一句话:"此路艰辛而泥泞。我一只脚滑了一下,另一只脚也因而站不稳;但我缓口气,告诉自己,这只不过滑了一跤,并不是死去而爬不起来。"

我们大部分人的职场之路都不会一帆风顺,难免会遭受挫折和不幸。但是,成功者和失败者非常重要的一个区别就是,失败者总是把挫折当成失败,从而使每次挫折都能深深打击他追求胜利的勇气;成功者则在一次又一次挫折面前,总是对自己说:"跌倒了,就再爬起来!"一个暂时失利的人,如果继续努力,打算赢回来,那么他今天的失利,就不算是真正的失败,相反,如果,他失去了再次战斗的勇气,那就是真的输了!

有句话说得好:"一帆风顺叫成长,九死一生叫成功。"职场中的我们,应该勇敢一点,在哪里跌倒就从哪里爬起来,爬起来后,我们离成功更近了一步。

5

冷静分析，突破逆境

人的一生都会有身陷逆境的时候。“愚夫”总是在身陷逆境时意志消沉，自暴自弃，扩大痛苦，折磨自己，怨恨他人；“智者”知道痛苦的根源在于自己的心理状态，通过改变自己的内心状态从而可以使自己突破逆境，取得成功。

面对逆境，我们一定要保持冷静，不要慌张失措，不能一味莽撞，使事情越弄越糟。冷静分析现状，等待逆转的时机，从而突破逆境。

历史上的越王勾践，就是一位懂得在逆境中冷静分析原因、奋力求得突破的人。

> 勾践战败后，带着夫人和大臣范蠡去吴国服苦役。他给阖闾看坟，给夫差喂马，还给夫差脱鞋，服侍夫差上厕所。夫差的几匹马被勾践喂得滚瓜溜圆，夫差出去游猎时，勾践要跪伏在马下，让夫差踩着他的脊背上马。勾践三人受尽嘲笑和羞辱。为图复国大计，等待逆转的时机，勾践顽强地忍耐着吴国对他的精神和肉体折磨，对吴王夫差表现得恭敬驯服。
>
> 有一天，勾践又去看望夫差，偏赶上夫差心情特别沮丧，见勾践进来，就拿他撒气说：“出去出去！不用你假仁假义地来看我，你恨我快点儿死是不？盼我死了你好回国，休想！”吓得勾践站在那里不知如何是好。此时夫差要大便，挥着手让勾践出去。勾践却要观察夫差的粪便，并当着夫差的面，用手指沾了点儿粪便放在嘴里尝了尝，夫差急忙说：“你这是干什么？”不料勾践却马上跪在地上说：“恭喜大王贺喜大王，你的病就要好了。”夫差说：“你怎么知道？”勾践说：“不治之症粪便是苦的，可治之症粪便是甜的，适才我尝大王的粪便，就是为了察看病情，用不了几

天大王的病就会好了。”

夫差将信将疑,但最终还是相信了,十分感动地说:“我的儿子也未必如此,你真比我的儿子还强啊!”没过几天,夫差的病真的好了。夫差认为勾践真心归顺了他,就放勾践回了国。

勾践回到越国后,立志报仇雪耻。他唯恐眼前的安逸消磨了志气,在吃饭的地方挂上一个苦胆,每逢吃饭的时候,就先尝一尝苦味,还自己问自己:“你忘了会稽的耻辱吗?”他还把席子撤去,用柴草当作褥子。这就是后来人们传诵的“卧薪尝胆”的故事。

当代职场虽然不存在吴国与越国之间那种仇恨了,但勾践在身处逆境时能够冷静分析,并寻求突破的方法,这种坚韧、顽强的精神是值得我们每一个职场中人借鉴学习的。

如果说越王勾践告诉我们的是坚忍不拔突破逆境,而美国盲聋女作家、教育家、慈善家、社会活动家海伦·凯勒则告诉我们的是要用坚强自信突破逆境。她在《假如给我三天光明》一书中这样写道:

进入剑桥女子中学的第二年,我满怀希望,心中充满了必胜的信心。但在最初的几个星期,便遇到了意想不到的困难。吉尔曼先生建议我在这一年应该主要学习数学。当时我要学习的课程主要有物理、代数、几何、希腊语、拉丁文等。不幸的是,我需要的许多书还没有及时制成盲文课本,而且在一些科目上我缺少必要的学习用具。这些课都是好多人一起上,老师不可能为我单独做辅导。莎莉文老师只得把所有的课本读给我,还要给我翻译老师讲课时所说的话。她神奇的双手,十一年来第一次显得有些力不从心。

代数、几何和物理科目有些练习必须在课堂上完成,刚开始我束手无策,坐在座位上干着急,直到购买了一台盲文书写器后,我可以通过它写下解答的每一个过程和步骤,学习才得以顺利进行。我看不到那些画在黑板上的几何图形,莎莉文老师只好用直的和弯的铁丝在垫子上摆出相应的图形,供我使用。正如凯斯先生报告里所写的那样,我得记住图形的形状和各边角的字母,还得据此进行假设、推理、演算和论证。总之,在学习中，到处充满困难与阻碍，有时候，我也会心情沮丧，大发脾气，甚至会把气撒在莎莉文老师身上，现在想来真是羞愧万分。莎莉文老师不仅是我在那儿唯一的好朋友，更是为我披荆斩棘的人。

渐渐地，随着盲文书及一些学习用具的添置，我的困难消失了，我又恢复了自信，重新投入到学习中去。代数和几何对我而言仍然很难学，正如我前面所说的，我缺少数学天赋，许多难点老师解释得没我期待的那么清楚，而几何图形更令我头痛，因为我无法看到不同部分之间的联系，即使在垫子上摆出也不行。直到凯斯先生教我，我才渐渐把数学理清了思绪，情况开始慢慢好转。

正当我开始克服种种困难之时，随后发生的一件意想不到的事，改变了一切。

就在我的盲文书送到之前，吉尔曼先生责备莎莉文老师不该纵容我过度学习，并不顾我的抗议，削减了我的课时量。刚入学时，我们曾达成一致协议，如果有需要，我可以用五年的时间备考大学。但第一学年结束时，我优异的成绩已向莎莉文老师、哈博小姐（吉尔曼先生聘用的院长）以及其他人证明，我不需要那么长时间，再有两年就可以毫不费劲地完成准备。一开始吉尔曼先生同意了，但当功课难度增加，我学习开始有些吃力时，他便认为我用功过度，坚持让我再学三年。我不喜欢他的这个计划，因为我想和同学们一起上大学。

……

在职场上，我们很少有人遭遇到海伦·凯勒那样的困难，身处那样的逆境，但是，我们不论身处何种逆境，只有拥有海伦·凯勒那种突破逆境的决心，就没有战胜不了的困难。要在逆境中坚强自信不悲观，必须依靠冷静分析；而要突破逆境取得成功，则离不开坚强的毅力和坚定不移的决心。

6

一手坏牌不见得输

美国历史上第34任总统艾森豪威尔年轻的时候也是一个普通人。一天晚饭后，他跟家人一起玩纸牌游戏，连续几次都抓了一手很差的牌，他开始不高兴地抱怨手气不好。妈妈停了下来，正色对他说道："如果你真要玩牌，就必须用你手中的牌玩下去，不管那些牌怎样！"艾森豪威尔愣了愣，没有出声。

他的母亲又说道："人生也是如此，发牌的是上帝，不管是怎样的牌，你都必须拿着。你能做的是竭尽全力，以求得最好的结果。"

很多年过去了，艾森豪威尔一直牢记着母亲的这番教导，从来没有抱怨过命运。相反，他总是以积极、乐观的态度去迎接命运的挑战，竭尽全力做好每一件事情。就这样，艾森豪威尔从一个默默无闻的平民家庭走出，一步一步地成为中校、盟军统帅，最终成为美国历史上第34任总统。

其实，人生好比打牌，职场工作也好比打牌，我们不可能每次都能得到好牌，我们能做的是将分到手里的牌用心地打下去，即使手里的牌再差再糟糕，也应该努力打出自己的最高水平。而事情的发展往往是，只要我们尽心尽力地去打，差牌未必就会输。

让我们先看看《潜水钟与蝴蝶》的作者，是如何打好自己手上的那副"坏牌"的——

1995年12月8日这一天，对于才华横溢、开朗健谈、事业如日中天的法国《ELLE》杂志总编辑多米尼克·鲍比来说，非同寻常，因突发脑中风，年至不惑的他陷入深度昏迷。20天后，当他苏醒过来时，发现自己已然丧失了所有的运动功能，不能

动，不能吃，不能说话，甚至呼吸都困难，全身能动的只有左眼皮，这成为他联系世界的唯一通道。

然而，即使鲍比的身体就像被困在重重的潜水钟里，无法自主，无法动弹，但他的心灵却如同轻盈的蝴蝶一样自由飞翔。在友人的帮助下，他用左眼皮一下一下地选择需要的字母，然后拼成一个词，然后成为一个句子……“写下”了关于活着、关于死亡、关于爱的思索的《潜水钟与蝴蝶》。

他说：“这一连串接踵而至的灾难，使我不可遏制地笑了起来，我决定把我的遭遇当成一个笑话。”作者对自己处境的自嘲、对命运的诠释，像一粒一粒五彩的弹珠，迸发出了生命的华彩乐章，让我们为之落泪，感叹生命的力道与弹性。

是的，我们无法选择命运，却可以选择对待命运的态度。

台湾销售天王林文贵，也把一副差牌打出了非凡的水平：

1973年，他出生于台南小镇一个普通的家庭。高中时，他似一匹脱缰的野马，每天在游乐场混，他是众人眼中的浪荡子，他甚至瞒着父亲“拒绝联考”，被发现后离家出走，把父亲气到快进精神病院。从此，他在社会大学里修炼学分：干搬运工、水泥工、货车司机，到处打零工养活自己。

21岁后，他和好友合伙做生意，从健身器材、RO逆渗透机到汽车用品，但没一个生意超过半年。两年后，他进入一家公司卖韩国现代汽车，照样过着颓废的生活，日夜颠倒，每天上班都迟到。兼职创业的他又被合伙人骗走了100多万新台币。在社会大学里跌跌撞撞了几年，他幡然醒悟：人生不可以再荒唐下去！

然而，他手中拿到的却是一副差牌，甚至可以叫烂牌——烂到了相当的程度：

第一张烂牌——他没有富爸爸，且只有高中学历；

第二张烂牌——现代汽车在台湾顾客满意度排名中倒数第二名；

第三张烂牌——现代汽车的销售量倒数第一。业界人士形容：“卖一辆现代汽车，比卖三辆丰田还难。”；

第四张烂牌——公司财务状况不佳。他服务的公司连续多年亏损，财务危机不断，公司给业务员的资源少得可怜；

第五张烂牌——销售据点在穷乡僻壤。他所在的营业处位于台南县佳里镇，居民不到6万人。而营业处的150多位业务员几乎都跳槽了，只有他和二十来位留了下来。他决心要在这片贫瘠的小池塘里当王，而不到大海里当小鱼。

一开始，他得面对销售弱势品牌的挑战，那一年，他连年终奖金都没有领到。但他没有被打倒，他激励自己："好卖的车，谁都会卖。如果我去卖别人不想卖的车，就很少有人和我抢客户，我就有更多机会。"山穷水尽之时，他信奉最伟大的汽车销售员乔·吉拉德的"250定律"：满意的顾客会影响250人，抱怨的顾客也会影响250人。这后来成为他制胜的秘籍。凭着憨直、真诚、"被拒绝九次仍不放弃"的付出，他赢得了客户的信任。很多客户变成他的铁杆儿"业务员"，来帮他卖车，甚至有一位半身不遂的客户，只剩下一张嘴巴能动，还在帮他介绍客户。

从他眼中看出去，每样事物皆是美好。别人眼中，现代汽车是韩国品牌，品质不好，更换零件不方便，但在他眼里，现代车却"有法拉利设计师设计的流线外形，使用的是奔驰引擎"；愿意买现代的客人少，他会说："客户少，能提供给客户的服务才能做得更好，这是我们的优势"；碰上公司连年亏损，连每年发送客户的月历礼品都限量配额，他却说，"这样我才更能仔细选择真正会买车的客人……"

2005年，他竟然卖出205辆汽车，平均1.8天一部车！创下台湾有史以来年度最高汽车销售纪录。那一年，他的年收入高达560万元(新台币)。

2007年9月中旬，他成为第一届《商业周刊》"超级业务员大奖"金奖得主。评委给出的评语是，"他就像生长在悬崖上的兰花，没有土，没有水，悬崖上的风还很大，自己却从细缝中活出精彩"。

艾森豪威尔·鲍比和林文贵的故事告诉我们：人生中真正重要的不是我们手中握一把什么样的牌，而是如何去打。静下心来，只要有了正面的思考、积极的心态和不懈的努力，即便我们连一张好牌都没有，也能靠自己一路打出好牌，更能从一片劣土上建造一个美丽花园。

7 自信工作，快乐工作

某公司一位员工在一个岗位上工作了近十年，他在工作中抱着“我只是被雇来的，做多做少一个样”的态度去做事，经常抱怨工资低，遇事不主动想办法解决，动不动就这也不行，那也不行，工作了近十年，工作经验和工作能力同刚进公司一年的员工差不多，没有工作热情，心情也不好，整天生活在一种压抑的环境中，自己精神不好，弄得大家也不开心。

这就是典型的“工作懈怠症”，患“工作懈怠症”的原因就是不自信，患“工作懈怠症”的结果就是无法快乐工作。

其实工作快乐不快乐，关键决定于自己的心理状态，有什么样的心态，便有什么样的结果，每个人都希望从工作中获得薪水和快乐，可快乐的工作从那里来呢？

一个快乐的心态，可以使你感受工作的快乐；沉闷的心态，使你心情烦躁，使你害怕工作，没有勇气击退失败。人的心态，能把人推向成功，也能把人推向失败，这便是“心理力量”，要让自己的工作变得快乐，与其心情压抑地工作，不如用一种积极自信的心态，永远微笑着去工作。

自信的人，即使面对失败和困境，也具有“我能行”的自信心。“我能行”就是一种积极的工作心态，而只有具备积极心态，才能在工作中找到快乐，才能快乐地工作。

吴士宏是一个未受过正规高等教育，没有任何背景的普通年轻女子，曾任IBM、微软两个巨型跨国公司的地区负责人，她到IBM公司应聘就很富有传奇色彩。1985年，正在做护士的吴士宏决定去IBM公司应聘，她是一个小人物，来到凤毛麟角的五星级饭店——长城饭店，内心充满了矛盾和挣扎，但对进入IBM公司的渴望使她鼓足勇气，带着自信，迈着稳健的步伐走了进去，并顺利地通过了两轮笔试和一轮口试，最后来到了主考官面前，主考官问："你会不会打字？"吴士宏环视了一下四周，考场里并没有一台打字机，她马上回答："会，您的要求是多少？"凭着这份从容和自信，她顺利进入了IBM公司，并做出了今天的骄人业绩。

充满自信，用心态积极工作，就会明白自己工作的意义和责任，在工作中感受快乐，永远保持着全力以赴的工作态度，每天都有进步，每次的工作都很做到位，为企业创造价值和财富的同时，也在不断地丰富和完善着自己的人生，从工作中感受到成功的快乐。

相反，患"工作懈怠征"的人就做不到自信工作，更谈不上快乐工作。

30刚出头的小刘凭借自己的勤奋和能力，大学毕业后不仅很快在一家大型企业站稳了脚跟，拿着令人羡慕且稳定的薪水，还于不久前组建了幸福的家庭。但是近来，她却发现自己突然变得越来越"懒"了：懒得工作、懒得看书、懒得说话，甚至连以前最喜欢玩的保龄球也懒得打了。

她说，大学刚毕业的时候，她很庆幸能够找到这样一份适合自己的工作，专业对口、收入颇丰且很稳定。工作伊始，自己满怀信心地投入进去，可一年过后，她发现自己的工作永远是那样井然有序、按部就班，所有的行为都和计划的没有什么差别，没有任何新鲜感，自己再也不像刚来时那样为某个任务的完成而沾沾自喜。

小刘总是说："很累，不想工作，但不得不工作。"她说，每天都是例行公事，一沓沓文件摆在那里，好像一座山一样，永远也搬不完。第二天醒来又要重复前一天的工作，没完没了，看不到尽头。甚至有时下班后还得带一堆工作回家，或为了一个重要的会议而加班，感觉特别疲劳。而且，每当看到办公室里种种明争暗斗时，她感到厌倦万分。每天走出家门心情还不错，但进了单位却闷闷不乐了。

像小刘这样对工作失去兴趣，并因此严重影响心情和身体健康的情形正越来越多地出现在职场中。有专家认为，工作倦怠与否关键在于是否有正确的态度。只要有正确的态度，就能化沮丧、挫败为乐观、自信。

快乐是人的一种心境，与年龄并无必然关系，只要我们每天怀着愉快的心情开始新的一天，怀着愉快的心情看待一天的工作和生活，我们就一定会体验工作的愉悦和生活的美好。

诚然，我们工作单调、重复、繁琐，我们毫无例外地感受着生活节奏的日趋紧张，工作压力的日益加大，但这绝不是缺少快乐的理由。“生活是由思想造成的”，只要我们改变思想方法、变换思维角度，把工作看做是检验自己能力、增长自己才干、奉献社会的事业，就不会抱怨工作的苦痛、烦闷、拘束、枯燥，快乐就会悄然来到我们身边。“我们想多快乐，就会有多快乐。”

我们在工作中可以选择这样的快乐工作法：

1.充满自信。充分相信自己，时刻记住“我能行”，开发自己的潜能，发挥自己的优势。

2.让别人快乐。会工作的人总是会设法和他人一起度过快乐的时光，只有把公司的事当作自己的事来全身心地关注，才能和公司里的同事像一家人一样享受生活的乐趣。

3.投入。全身心投入、无私奉献，才能让我们有限的生命拥有无限的快乐，才能让我们平凡的工作充满生机和活力。

有一则谜语是这样说的：你对它笑，它就对你笑；你对它哭，它就对你哭。人们大多会猜这是镜子。其实，更妙的答案应该是工作，是生活。让我们工作在灿烂的阳光里，生活在快乐的职场里，充分感受生活的美好，成为一个永远快乐的人，将快乐的工作态度保持到底。

8

积极乐观，摒弃悲观

记得有一位智者说过："生性乐观的人，懂得在逆境中找到光明；生性悲观的人，却常因愚蠢的叹气，而把光明给吹熄了。当你懂得生活的乐趣，就能享受生命带来的喜悦。"他还告诉我们，"烦恼重的人，芝麻小事都会困住他；想解脱的人，天大的事情都束缚不了他。"

生性的乐观和悲观，其实主要还是自己的心态问题。就好像两种性格的人走进同一片森林，悲观的人可能会说这里蚊子太多，吵哄哄的，影响了他欣赏花草的雅兴；而乐观的人可能会说这里除了美丽的花草，还有蚊子在唱歌，真是太美妙了。如果两个人再走出这森林，悲观的人可能又会说无聊、郁闷和压抑之类的话了；而乐观的人就会觉得四周一片明亮，自己的内心世界豁然开朗。所以在同一环境下的两种不同心态的人，他们对事物的看法是不同的。

人活在这个世界上，不管是花草、阳光、还是自己周围的人或事物，如果人家和平相处，共进共退，这个世界还有什么不是美好的呢？当自己遇到困难挫折，只要不钻牛角尖，再大的问题都会解决的，悲叹是没用的。保持一种乐观的心态，如果一种方法行不通，那么换一种方式，换一个心情，说不定会在另一方面让你有更大的惊喜，更大的成功。

有一个大家熟知的故事：

> 一个漂亮的女孩，天天在为买不到一双漂亮的鞋而苦恼。有一天，她发现一个无脚的、长得和她一样漂亮的女孩在地上吃力地爬行，突然感到自己能有一双健全的脚太幸福了！

这个小女孩前后截然不同的表现，实际上源自两种不同的心态：前一种是悲观的、消极的，后一种则是乐观的、积极的。

从上例也可以看出，乐观的人比较容易克服困难，因为他们会积极寻

找新的解决方法，在很短的时间内就把不利的条件转变成有利的条件。而悲观者则会因为一下子看到困难而心生畏惧，退缩不前。其实在很多情况下，只需要我们乐观一点，积极一点，情况就会完全改观。

怎样才能积极乐观，摒弃悲观失望？我们可以听听某教授的一堂课：

在一节课上，教授从讲义夹中取出一张白纸，问大家："这张纸有几种命运？"学生们一时愣住了，没想到教授居然会问这么奇怪的问题，一时没有人回答。教授把纸扔到地上，又当着大家的面在纸上踩了几脚，纸上立刻就沾满了灰垢，教授又问："这张纸有几种命运？""这张纸现在变成废纸了。"有学生皱着眉头说。教授不置可否，弯腰捡起那张纸，把它撕成两半后又扔在地上，再问一遍同样的问题。学生们都被教授的举动弄糊涂了，不知道他到底要说什么。先前那个学生答道："它还是一张废纸。"教授不动声色地捡起撕成两半的纸，很快在上面画了一幅人物素描，还配了一首诗，而刚才踩下的脚印恰到好处地变成了少女裙摆上美丽的褶皱。

这时教授举起画问："现在请回答，这张纸的命运是什么？"学生们一下子明白了教授的意思，干脆利落地回答说："您赋予这张废纸以希望，使它有了价值。"教授脸上露出笑容："大家都看见了吧，一张不起眼的纸片，以消极的态度对待它，它就一文不值；以积极的态度对待它，给它一些希望和力量，纸片就会起死回生。一张纸片是这样，一个人也是这样啊。"

一张纸片可以被当作废纸扔在地上，被踩来踩去，也可以作画写字，更可以折成纸飞机，飞得很高很高，使人仰望。一张纸片尚且有多种命运，更何况人呢？命运如纸，只要保持一种乐观的心态，无论它怎样变化，遭受怎样的挫折与磨难，它依然是有价值的。

多年前，美国人就做过一次试验，把 40 多位性格差异很大的人分成三类：一类是平和知足型，一类是开朗活泼型，一类是急躁易怒型。过了三十年后再跟踪了解这些人，发现最后一类人患癌症、心脏病和精神错乱症的占了近八成，而前两类患这些病的几率很少。

可见，用乐观的眼光看世界，世界是无限美好的，充满希望的，我们生活就充满阳光。乐观的心态能把坏的事情变好，悲观的心态却把好的事情变坏。说消极话(发牢骚)的人,第一个受害者是他自己。消极的东西像水果上发烂的部位,当有一处腐烂,它会迅速将好的部分感染坏。要想阻止继续腐烂,就必须将已经坏的部分清除掉。

行走于职场中,保持乐观的心态非常重要。只有健康的心理才能避免让自己陷入困境,才能避免生理和心理上的疾病。

很多时候,我们不能选择生活的境遇,但我们却可以选择坚强而自尊的态度;我们不能选择生活给予我们什么,但我们却可以选择积极而乐观地回报生活什么。

第五章

静下心来，尽职尽责不敷衍

“在其位，谋其政。”一个人无论从事何种职业，都应该尽职尽责，尽自己最大的努力，求得不断的进步，这不仅是工作的原则，也是人生的原则。如果没有了尽责和理想，生命就会变得毫无意义。无论你身居何处，如果静下心来，尽职尽责不敷衍，最后往往都会获得成功。因为一个人能取得多大的成功，很大程度上取决于他有多大的责任心。只有拥有责任心，才能敬业，才能磨炼才干，才能促进职业成长。职场以人为本，而职业以责任为本。

1 责任比能力更重要

在越来越激烈的职场竞争中，我们往往只考虑到一个人能力的大小，认为只要有能力，就一定是个优秀的人才，其他一切都不是问题，而责任往往就这样被我们忽视了。可是，一个只有能力而没有责任心的人是不能被称之为一个优秀的人，一个对社会有用的人。

能力的确很重要，但责任比能力更重要。能力永远由责任来承载，而责任本身就是一种能力。

在工作中，作为一名员工，应该认真做好本职工作，一切为企业利益着想，一切为企业的发展服务。无论在什么时候，我们都要始终如一地对工作负责，这才是真正的负责。如果一个人具备了这种高度负责的精神，就没有什么事情能够难得住他，就没有什么任务不能尽善尽美地完成。

很多人一辈子都没有任何成就，主要原因就是他们在自己的思想与认识中，没有理解和树立勇于负责的精神。勇于负责的精神是一种积极进取的生活态度，在一个人想要实现自己内心的梦想，下定决心改变自己的生活境况和人生境遇时，首先要改变的是自己的思想和认识。要学会从责任的角度入手，对自己所从事的事业保持清醒的认识，努力培养自己勇于负责的精神，因为这才是成功的最佳方法。

我们虽然无法改变我们的过去，但一定要把握现在。只有通过提高个人的责任感，来提高企业的竞争力，才能确保企业在激烈的市场竞争中脱颖而出。这不仅是我们每个人在越来越激烈的职场竞争中迈向成功的必由之路，也是我国企业在全球经济一体化的背景下应对激烈竞争的出路。

王顺友，全国劳动模范。他是四川省凉山彝族自治州木里藏族自治县邮政局的一名普通投递员，自1985年参加工作以来，一直从事木里县城至白雕、三角垭、倮波乡的马班邮路投递工作。邮路往返里程360公里，每月投递两班，一个班期为14天，22年中，他送邮行程达26万多公里，相当于围绕地球转了6圈。

王顺友担负的马班邮路，山高路险，气候恶劣，一天要经过几个气候带。他经常露宿荒山岩洞、乱石丛林，经历了被野兽袭击、意外受伤乃至肠子被马骡踢破等艰难困苦。他常年奔波在漫漫邮路上，一年中有330天左右在大山中度过，无法照顾多病的妻子和年幼的儿女，却没有向单位提出过任何要求。为保护邮件，他曾勇斗歹徒，不顾个人安危，跳入冰冷的河水中抢捞邮件。他吃苦不言苦，饿了就吃几口糌粑面，渴了就喝几口山泉水，自编自唱山歌，独自走在寂寞的崎岖邮路上。为了能把信件及时送到群众手中，他宁愿在风雨中多走山路，改道绕行以方便沿途群众。他还热心为农民群众传递科技信息、致富信息，购买优良种子，给群众捎去生产、生活用品，受到群众的交口称赞。

“为人民服务不算苦，再苦再累都幸福。”这是王顺友自编自唱的一首歌中的一句歌词。他践行着一名普通共产党员对党和人民的无限忠诚，充分表现出对事业的无限执著。正是凭着这种极其敬业的工作态度，20多年来，王顺友没有延误过一个班期，没有丢失过一封邮件，没有丢失过一份报刊，投递准确率达到100%。

职场上，很多人在工作中心态浮躁，视努力工作、认真负责为畏途。王顺友是一个平凡的邮递员，却在平凡的工作岗位上承担起了自己的那份责任，做出了不平凡的成绩，实现了人生价值。

一个对别人负责的人，才是对自己真正负责的人。责任比能力更重要，可以从下面几个方面来理解：

能力再大，大不过责任

人在职场，做任何事情都要掌握好“尺度”，才高是好事，但因为才高就眼高手低、自诩自夸、自以为是，只能自损其才，自伤其能。几乎所有的领导最忌讳下属有才无德。一位成功人士曾说："人生所有的履历都必须排在勇于负责的精神之后。"一个具有超强能力的人，如果缺乏责任心，凡事强调自己的能力，只说不做，不肯为集体付出，那么，他不可能为集体创造任何价值。反之，一个能力稍逊的人，心甘情愿为集体全身心付出，想方设法做好工作，却能够为集体作出巨大的贡献。

工作中，有些人喜欢推诿塞责，找各种借口推脱责任，说什么"自己的时间有限"、"自己的能力有限"、"那些不属于自己的职责之内"、"凡事差不多就行了"，事实上，这些都是极不负责任的表现，那些"差不多"到最后也会产生"天壤之别"。所以说，有能力的人才固然重要，但是更重要的是真正有责任感的人才。

责任，是最强的能力

一个人，一旦具备了勇于负责的精神，就会产生改变一切的力量。梁启超先生之所以在事业上能够更上一层楼，除了他的政治领导能力出众外，还与他有责任感分不开，他说："凡属我应该做的事，而且力量能够做到，我对于这件事便有了责任；凡属于我自己打定主意要做的事，便是现在的自己和未来的自己立了一种契约，便是自己对自己加了一层责任。"工作中，要想突破自我，就必须以高度的责任感来弥补自己工作能力等方面的缺陷，变"我能力不够"为"我正在努力"，变"差不多"为"精益求精"，对自己的一言一行负责，做好职责之内的事，主动承担力所能及的其他工作。

爱默生说过："责任具有至高无上的价值，它是一种伟大的品格，在所有价值中它处于最高的位置。"能力或许可以让我们胜任工作，责任却可以让我们更出色地完成工作。责任感能使我们把简单的、具体的事情做得尽善尽美，进而弥补能力的不足，提升自身的能力和水平。有强烈的责任感才能把工作做得更好，才能成就一番事业。

现代职场中并不缺少有能力的人，但缺少责任感强与能力好兼备的人。一位企业家曾说过："一个人可以清贫，可以不伟大，但不可以没有责任感。"意识到自己的责任，承担起自己的责任，相信你所在的企业会因为你这份责任感而变得更好，而你的人生也会因此而拥有更多的精彩。让我们勇敢地承担起责任吧！记住，责任比能力更重要！

2

认真负责做好每一件事

认真负责做好每一件事，是我们提高工作质量的根本要求。“业精于勤荒于嬉，行成于思毁于随。”量变引起质变，每个人都做好自己的每件事，才能使全局工作质量全面提升。

一个人做一件好事并不难，难的是一辈子做好事。同样，一个人做好一件事并不难，难的是时时处处皆用心。大事也是事，小事也是事，事情不分大小，工作中没有一件小事情可以轻视。成功来源于平凡工作的积累，成功属于那些能够持之以恒地做好每一件事的人。每一位领导都会关注那些能够在平凡工作中做出成绩并不断成长的人，并愿意为这样的人提供更好的发展空间。

在工作中，解决问题，处理事务都不能投机取巧。大量工作都是由一些琐碎的、繁杂的、细小的事情组成。这些事做成了、做好了，并不一定能见什么成就；一旦做不好、做砸了，就会影响其他工作，甚至把一件大事给弄垮了。因此，对待自己的工作，我们绝不可能马虎、轻视。

也许你会问，每天做一些琐碎的工作是不是太单调，会不会没有价值？其实，每一件事对人生都具有十分深刻的意义。做砖石工或瓦工匠，你也许会从砖块和砂浆之中发现诗意；做一名图书管理员，你也许可以在整理书籍之余，使自己涉猎更广；做一名教师，你也许对按部就班的教学工作感到厌倦，但只要见到自己的学生，你就会变得非常有耐心，所有的烦恼都抛到九霄云外了。每个人所做的工作，都是由一件件小事构成的，不能因为琐碎而对工作中的小事敷衍应付或轻视懈怠。所有的成功者与我们都做着同样简单的小事，唯一区别就是他们认真对待每一件小事。

什么叫不简单，就是千百遍地把简单的事情做得很好；什么叫不容易，就是对大家都认为非常容易的事情你能认真地去做好它。

不管是对公司，还是个人来说，最重要的是，你将重复的、简单的日常工作做精细、做专业，并恒久地坚持下去，做到位、做扎实。

20多年前，在某地区有一位姓张的非常有名气的木匠，他的一手绝活着实让很多同行羡慕不已，当地许多年轻人结婚时的家具就是他的杰作。改革开放后他应聘到一家个体家具厂任高级技师。1983年他的一套红楼梦人物电烫画曾获国家工艺美术展二等奖。

75岁时，他向老板提出告老还乡，安享晚年。当时老板说："您老人家对我们工厂贡献很大，我真的舍不得让您老离开，不过您的年岁已高，这样吧，您在离开工厂之前，请您再打造一套12套件的高级组合家具，好吗？"

老板用大约两万元购买了材料，在打造过程中大家不难看出，他的心已经不在工作上了，做工粗糙，样式好看但肯定不耐用。

家具打造完毕，老板当着大家的面宣布："张师傅，您在我厂工作多年，贡献很大，这是我送给您的礼物，做个纪念吧！"

张师傅当时震惊得目瞪口呆，羞愧得无地自容……

如果他早知道是在给自己打造高级组合家具，他怎么会这样粗制滥造呢！现在他不得不使用这套自己制作的残次家具……后悔也晚了，这就是做事不负责任的后果。

在职场上，有些人漫不经心地对待自己的工作，不是积极努力地工作，不是全身心地投入行动，认真负责做好每一件事，而是消极应付，凡事不肯精益求精，在关键时刻不能尽到最大努力，其结果只能像这位张师傅一样自吞苦果。

因此，我们在做任何事情前，要看看自己是不是那个技术精湛、做事不负责任的木匠，想想那套家具，改变我们的工作态度。当每天你装上一块板、敲进去一颗钉、涂上一片漆、安装上一个配件时，用你的智慧加精湛的技能好好地建造吧！

几年前，李刚还在一家营销策划公司工作，当时一位朋友找

到李刚，说他们公司想做一个小规模的市场调查。朋友说，这个市场调查很简单，他自己再找两个人就完全能做，希望李刚出面把业务接下来，他去运作，最后的市场调查报告由李刚把关。当然，会给李刚一笔费用。

这的确是一笔很小的业务，没什么大的问题。市场调查报告出来后李刚也很明显地看出其中的水分，但他只是做了些文字加工和改动，就把它交了上去。

几年后的一天，几位朋友拉李刚组成一个项目小组，一块儿去完成北京新开业的一家大型商城的整体营销方案。不料，对方的业务主管明确提出对李刚的印象不好，原来此位先生正是当年那项市场调查项目的委托人。

李刚之所以遭遇失败，就是自己小看了那笔小业务，缺乏认真做好每一件事的精神，只做表面文章，从表面上看起来好像自己是占了便宜，似乎吃亏的是公司。然而，从长远来看其实这只是你的自欺欺人而已，最终受到损害的仍然是你自己。所以，不管什么样的工作，你都需要以一种认真负责任的态度来对待，认真做好每一件事，成功自然也就在向你招手。

3 敷衍工作就是失职

在每一个公司里，老板最看不上的是那些对工作敷衍了事的员工，最赏识的是那些认真负责的员工。那些抱着敷衍了事的态度工作的人，是不愿积极地面对生活、面对工作现状的人，他们对工作不负责任，其实也是对自己的极端不负责任，说到底就是失职。

陈平一毕业便在广东一家电子厂打工。刚开始，他干劲十足，努力认真，由此获得了老板的赏识，从一个小工人做到了车间主管。但是，慢慢地，陈平开始对工作懈怠起来，他不再像以前那样起早贪黑地工作，也不再像以前那样认真细致。他开始放低对自己的要求，由于他的松懈，下面的员工自然也就更加放松了。日子就这样一天天过去，老板却没有发现陈平所在车间的问题，因为老板对他的信任使得老板相信陈平不会敷衍他的工作。

但是，接下来的一件事，将陈平的弊病彻底暴露了出来。公司接到一笔单子，老板交给陈平去做，客户要求这笔单子必须在规定日期内完成。陈平心不在焉，根本没把这个工作放到心上，下面的员工也慢慢悠悠地干活，因为没有主管的催促，他们也不着急。

就这样，很快到了交活的日期，当老板向陈平要这批货时，陈平顿时傻了眼，他只好求老板宽限几日。老板跟客户好说歹说，客户最终总算答应了老板的请求。

接下来，陈平不敢马虎大意了，他天天催促工人快点干活，而工人呢，由于日期催得紧，活完成不过来，只好在产品质量上做手脚。结果，客户大发雷霆，产品大多是粗制滥造，根本不合格。客户说明情况，要求退回所有已交付的订金，并且要求赔偿他们的误工费。

老板气愤难当，找到陈平，狠狠地训斥了他一顿："你自己对这批产品满意吗？"陈平自然不敢吭声。老板接着说："你这是在敷衍工作，敷衍工作就是失职！你走吧！"

就这样，陈平被辞退了，而且还被要求赔偿相应的经济损失。可见，敷衍工作的人不但会给老板留下做事情不负责任、工作粗心大意的坏印象，同时因为这种不认真的态度，使得他们在工作中总是会出现一些失误，让公司蒙受一些不必要的损失。

一个聪明的员工应该明白，敷衍工作是没有出路的，敷衍公司就是敷衍自己，到头来变成自己的失职，对自己没有任何好处。因此，一个聪明的员工就会在工作中尽职尽责，不论任何工作，都要用心去做，并努力做好，不偷懒、不敷衍。

海尔集团曾发生过这样一件事情：

为了发展海尔整体卫浴设施的生产，1997年8月，33岁的魏小娥被派往日本，学习掌握世界先进的整体卫生间生产技术。在学习期间，魏小娥注意到，日本人试模期废品率一般都在30%～60%，设备调试正常后，废品率为2%。

"为什么不把合格率提高到100%?"魏小娥问日本的技术人员。

"100%? 你觉得可能吗?"日本人反问。

从对话中，魏小娥意识到，不是日本人能力不行，而是思想上的桎梏使他们停滞于2%。作为一个海尔人，魏小娥的标准是100%，即"要么不干，要干就要争第一"。她拼命地利用每一分每一秒的学习时间，三周后，她带着先进的技术知识和赶超日本人的信念回到了海尔。

时隔半年，日本模具专家宫川先生来华访问见到了"徒弟"魏小娥，她此时已是卫浴分厂的厂长。面对着一尘不染的生产现场、操作熟悉的员工和100%合格的产品，他惊呆了，反过来向徒弟请教问题："有几个问题曾经使我绞尽脑汁地想办法解决，但最终没有成功。日本卫浴产品的现场脏乱不堪，我们一直想做得更好一些，只是难度太大了。你们是怎么做到现场清洁的? 100%的合格率是我们连想都不敢想的，对我们来说，2%的废品率、5%的不良品率天经地义，你们又是怎样提高产品合格率的呢?"

"用心。"魏小娥简单的回答又让宫川先生大吃一惊。

这个"用心"二字，看似简单，其实不简单。只有了解魏小娥的人才知道，隐藏在这二字后面还有一句话，那就是"谁敷衍工作谁就是失职!"

原来，魏小娥从日本学习归国之后，便开始重点抓卫浴分厂的模具质量工作。魏小娥在实践中把2%放大成100%去认识。比如她发现，有的产品成型后有不易察觉的黑点，就马上召集员工商量对策。有的员工说："这个黑点不仔细看根本看不见，再说，经过修补后完全可以修掉……”

魏小娥说：“这些有黑点的产品万一流向市场，就会影响海尔的美誉度，用户能拿着放大镜、听诊器去买冰箱，也会拿着这些东西来买卫浴设施。所以，既是‘白壁’就不能有‘微瑕’，产生这个小黑点的原因就是我们的现场不能做到一尘不染。”

不管是工作日还是节假日，魏小娥紧绷的质量之弦从来没有放松过。有一次在试模的前一天，魏小娥在原料中发现了一根头发，这无疑是操作工在工作中无意间掉进去的。一根头发丝就是废品的定时炸弹，万一混进原料中就会出现废品。魏小娥马上给操作工统一制作了白衣和白帽，而且要求大家统一剪短发。

就这样，在魏小娥的努力下，2%的责任得到了100%的落实，2%的可能被一一杜绝。终于，100%这个被日本人认为是“不可能”的产品合格率，魏小娥做到了。

在工作中，如果我们都能够像魏小娥这样用心认真，也一定能成为第二个“魏小娥”。只要在工作上不敷衍，懂得敷衍工作就是失职这个道理，我们也可以做得更好！

不敷衍工作的员工是企业的财富，也是企业真正需要的人。一个用力工作的人，只能做到称职；只有用心工作的人，才能做到优秀。用心工作是一种工作态度，更是一种工作方法和工作哲学。实现从平凡到优秀的转变，其实只有一个秘诀，那就是工作上要用心一点，再用心一点。只要用心去做，每个人都能在工作中做得出色，都能成为企业最优秀的员工。

有人曾经说过：“轻率与疏忽所造成的祸患不相上下。”有许多人之所以失败，就是败在敷衍了事这一点上，那么如何克服敷衍了事的毛病呢？以下几个步骤值得尝试：

(1)认清敷衍的后果。敷衍工作是失职。

(2)积极地解决问题。要区分“工作”与“做了”的界线，避免“我做了”的想法，因为这个想法最容易导致敷衍。

(3)要做有益的工作，而不仅是时间和精力上的平白消耗。

4 细微之处见责任

一个人能否成就卓越，取决于他是否做什么事都力求做到最好，其中自然也包括那些再平凡不过的小事。所以在工作中，哪怕事情微不足道，你也要认认真真地把它做好。能做到最好，就必须做到最好，能完成100%，就绝不只做99%。

工作上无小事，要想把事情做到完美无瑕，就必须从小事做起，付出你的热情和努力。如果你对这些小事感到乏味、厌倦不已，始终提不起精神，或者因此敷衍应付差事，勉强应对工作，将一切都推到"英雄无用武之地"的借口上，那么你现在的位置也会岌岌可危。

细微之处见责任，如果在小事上都不能尽职尽责，何谈在大事上大显身手呢？没有做好小事的态度和能力，做好大事只会成为无本之木、无源之水，根本成不了气候。

何芸大学毕业后，留在北京谋求发展。经过一番努力，她和另外两位女孩被一家公司初步录用，试用期为一个月。如果试用期不合格，她们将有被公司淘汰的可能。于是在这一个月里，何芸和两位女孩都工作得很卖力。到了第29天，公司根据她们三人的业务能力，一项项给她们打分。尽管何芸的表现也很出色，但最终却比那两位女孩低了一两分。公司人事部王经理通知何芸，"明天是你最后一天上班，后天结账后，你就不用来了"。何芸心中自然充满了失落，然而，她见自己的能力确实不如那两位女孩，也就输得心服口服。

最后一天上班时，两位留用的女孩和其他人都关心地劝何芸："反正公司明天会发给你一个月的试用工资，今天你就不必上班了。”何芸笑着说：“还有点事情没做完，我干完了再走也不迟。”到了下午3点，何芸最后的工作完成了，又有人劝她提前下班，可她笑笑，不慌不忙地把自己工作用的桌椅擦拭得干干净净、一尘不染，并且又和“同事”们一同下班。她觉得自己很充实，站好了最后一班岗。

第二天，何芸到公司财务处结账。结完账，她正要离开，迎面遇见了王经理，王经理对她说：“你不要走，从今天起，你就到质检部上班吧。”何芸一听，愣住了，她不相信会有这样的好事。王经理微笑着说：“昨天下午，我暗中观察了你很久。我留下你是因为你工作认真，明天要离职了，今天还能那么投入地工作，对每一件小事负责是一种难能可贵的美德。正好质检部缺一位质检员，我相信你到那里会干得更出色。”何芸高兴得热泪盈眶。

“管中窥豹，可见一斑。”细微之处往往能体现一个人的品格，展现一个人的综合素质。也许在你看来，一个细小举动并不代表什么，但对于同事、领导而言，细微之处恰恰体现了你的个性与本色，你的责任心。在职场中，之所以会有人成功，有人失败，与在小事情上是否认真负责不无关系。

330千伏河寨变电站主要担负着西安市西南郊地区、西安高新产业开发区工农业生产及居民供电任务，是西安局目前运行的7座330千伏变电站中变电容量最大的一座变电站，总容量达到108万千伏安。在运行期间，变电站值班员在巡视检查中，发现变压器东侧释压器法兰渗油等三处设备缺陷，陕西省电力公司、西安局高度重视，计划利用秋季检修期间对3号主变进行检修消缺。

计划检修消缺工作结束后，变电站站长张辉负责验收工作。在变压器顶部，查看C项高压套管时，一个细小的渗漏点引起了他的注意。这个渗漏点位于套管底部，站在主变下往上看根本看不到，站在4米高的主变上部往下看，不留神也就过去了。计划检修工作已经结束，再申请停电检修，办手续非常烦琐、麻烦，怎么办？他意识到此处缺陷如果不及时处理很可能越漏越大，严重影响到3号主变在迎峰过冬期间的安全运行。如果出

现问题，后果不堪设想。张辉立即向生技部、基建部、变电工区领导汇报，多部门非常重视，随即紧急汇报省公司并安排随后三天继续检修工作。

那天，在西安变压器厂技术人员的配合下，经过陕西送变电工程公司施工人员的数小时奋战，“小”缺陷被顺利消除。经专业人员检查，渗漏点是橡胶密封垫出现问题，分析可能是安装时受力不均匀导致橡胶垫变形出现漏油现象。

安全生产无小事，细微之处见责任，细小的渗漏点被及时发现排除，过程非常简单，结果却表现出了该局变电值班员扎实、细致、严谨的工作作风。

一滴水可以反映太阳的光辉。在职场工作也同理，我们往往可以从一些日常细微之处鉴别一个人有没有责任。一件件不起眼的小事，如果单独地看，也许不足以说明问题，但是，若将许多小事“累计”起来分析，便可以清晰地体现出一个人的性格、特征和品质，正所谓“一屋不扫，何以扫天下”。

5 工作尽心，老板才放心

什么叫尽心工作？尽心工作就是像老板一样去工作，把工作当成自己的事情。当你看到公司里物品破损或者生产浪费时，你决不袖手旁观，而是像老板那样去竭力阻止；当你看到公司的市场正在一点点地被对手侵蚀，你决不漠不关心，而是像老板那样去积极寻找对策；当你看到你的同事在工作中碰到挫折心情抑郁时，你不是采取事不关己高高挂起的态度，而是像老板那样主动地去给予他鼓励。

老板与员工最大的区别就是:老板把公司的事情当做自己的事情,员工则喜欢把公司的事情当做老板的事情。在这两种不同心态的驱使下,他们工作的方式不可同日而语。老板,不用说,任何关乎公司利益的事情他都会去做。但是有些员工在公司里却往往只做那些分配给他们的事情,对于其他的事情,他们往往用"那不是我的工作"、"我不负责这方面的事情"等借口来推托。他们往往只是在上班的8小时在为公司工作,下班之后就好像与公司没有任何关系。有这种思想的员工,他们在脑海里把公司和自己分得很开,他们没有把自己看成公司里一个重要的组成部分,这样的员工工作不尽心,也永远成不了让老板放心的员工。

凯文机器公司董事长保罗·查莱普曾说:"我警告我们公司的每一个人,假如有人说那不是他的错,那是同事的责任,如果被我听到的话,我一定开除他,因为这么说话的人明显是对我们公司没有足够的兴趣——就像你站在那儿眼睁睁地看着一个醉鬼坐进车子里去开车,或者没有穿救生衣的小孩单独在码头玩耍——我绝不允许我的员工这样做,你必须去保护那个小孩才行。"这种在公司里喜欢推脱责任或者对公司的事情视而不见的员工,就是不尽心的员工。

日本的著名企业家井植薰也说:"对于一般的职工,我仅要求他们工作8小时。也就是说,只要在上班时间内考虑工作就可以了。对于他们来说,下班之后跨出公司大门,爱干什么就可以干什么。但是,我又说,如果你只满足于这样的生活,思想上没有想干16个小时或者更多的念头,那么你这一辈子可能永远只能是一个一般的职工。否则,你就应当自觉地在上班以外的时间多想想工作,多想想公司。"

所有的老板都一样,他们都不会青睐那些只是每天8小时在公司得过且过的员工,他们渴望的是那些能够真正把公司的事情当做自己的事情来做的员工,因为这样的员工任何时候都敢作敢当,而且能够为公司积极地出谋划策。无论你是做什么工作,如果你真正热爱这个公司的话,你就应该把公司的事情当成自己的事情。

一旦把公司的事情当成自己的事情,你就会发现,以前那些工作的烦恼、不快都一扫而光,你就会把公司的事情当做你最好的滋补品、最好的化妆品和最亲密的恋人。

湖北鄂州市国税局程金和从事税收工作30年来,先后当过

税务专管员、基层所所长和分局副局长，他始终把“堂堂正正做人，踏踏实实做事”作为自己为人处世的基本准则，严格要求自己，为税收工作尽职尽责、默默奉献。曾多次被评为优秀共产党员、优秀公务员，2006年初被市国税局、市工商局评为全市国税系统模范业务员。

程金和虽然长期在基层分局担任副局长之职，但他并不感到委曲，也从未因此向组织提出任何要求，他总觉得自己处于什么位置，主要取决于工作需要，关键是把自己的工作做好，所以面对组织上的每一次工作安排，他总是愉快地接受，从不讲条件。他唯一能做到的就是，珍爱自己的岗位，找准人生的支点，竭尽全力，做好自己的工作，不辜负组织的关心和同志们的厚望。1998年，程金和被任命为西城分局副局长。8年来他先后协助了4位局长的工作，不论一把手年龄大小和学历高低，他都能够以平常的心态摆正位置，当好配角。2001年西城分局实行机构改革，当时一把手刚刚上任，不熟悉情况，在竞争上岗时，有的中层干部觉得科室职位不够理想，存在思想情绪，有的干脆一连几天不上班。他主动上门做工作，与干部推心置腹，结合自己的工作经历谈心，以心换心，一些干部的思想疙瘩终于解开了，愉快地接受了工作安排，心平气和地走上新的岗位，使机构改革顺利进行，机关工作步入正轨，受到了大家的好评。

程金和能有如此成绩，正是因为他对工作尽心尽力。在职场，工作上的任何成就，是以员工工作上的尽心尽力为基础的，离开了这个基础，任何天才都不可能成功。

职场实践证明：凡尽心尽力的员工，工作上首先都会有一个切实可行的计划和实施计划的具体方案；知道应该让上司在什么时候，在什么问题上出面支持自己，而不是事无巨细地陷上司于事务圈子；提交到上司面前的困难，不仅进行了中肯的分析，而且还有克服困难的可供选择的实施方案；敢于在上司即将出现失误的时候据理力争，做事有股不达目的誓不罢休的狠劲；从不随大溜，更不做那些花里胡哨的表面文章；当个人利益和集体利益发生冲突的时候，会无条件地去服从集体的利益……这种人是螺丝钉，拧在哪里就会在哪里发挥作用；是老黄牛，只知奉献，不讲索取；

是大海岸上的岩石,能经受住巨浪的袭击;是高山岩石之松,能够经得起风寒。

工作意味着责任,每一份职位所规定的任务就是一种责任。责任是一名员工的立身之本,可以说,一个人放弃了工作中的责任,就意味着放弃了在工作中更好的发展机会;一个人工作不尽心,就无法让老板放心。

6

用心做事,杜绝粗枝大叶

工作要雷厉风行,说干就干、不能拖沓,这是一个方面;而工作有章有法、细致周密、用心做事,杜绝粗枝大叶,则是不可忽视的另一个方面。

有那么一句话,叫做“你对生活简单,生活就对你简单”。同样也可以这样说——你对工作简单,工作也就对你简单。贪多求大、粗枝大叶、敷衍塞责,往往会出现大事干不了,小事不愿干,甚至连小事也干不了的尴尬结果。

宋代京城有一个画家,作画往往随心所欲,令人很难明白他画的究竟是什么。一次,他刚画好一个虎头,碰上有人来请他画马,他便随手在虎头后面画上马身,于是求画者问他画的是马还是虎,他答:“马马虎虎!”求画者不要,他便将此画挂在厅堂。他的长子问他画的到底是什么,他说是虎;而其次子问他画的究竟是什么,他却又说是马!

不久,他的长子去打猎时,把别人的马当虎射死了,画家只好赔钱给马主。他的次子外出碰着老虎,却以为是马,欲近而骑之,被虎活活咬死食之。画家万分悲痛!把画烧了,并撰一首诗自责:“马虎图,马虎图,似马又似虎,长子依图射死马,次子依图

喂了虎。草堂烧毁马虎图，奉劝诸君莫学吾。”

工作中如果不注意细节，粗枝大叶，马虎应付，则牵一发而动全身，轻则返工，影响了工作效率；重则会像这位宋代画家一样，造成不可挽回的损失。

在某大公司里，悬挂着一句格言，令人感触很深。那句格言是：“在这里，一切只求尽善尽美。”“尽善尽美”说的就是我们要用心做事，尽心做好，在工作中不要粗枝大叶。

有一个刚刚进入公司的年轻人，自认为专业能力很强，对待工作十分随意。有一天，他的上司交给他一项任务——为一家知名的企业做一个广告宣传方案。

这个年轻人自以为才华横溢，用了一天的时间就把这个方案做完了，交给上司。他的上司一看不行，又让他重新起草了一份。结果，他又用了两天时间，重新起草了一份，虽然觉得不是特别完美，也还能用，就把它呈报给了老板。

第二天，老板让年轻人的上司把他叫进了自己的办公室。问他：“这是你能做得最好的方案吗？”年轻人一怔，没敢回答。老板轻轻地把方案推给了他，年轻人什么也没说，拿起了方案，折回了自己的办公室。

第三天老板又问：“这是你认为做得最好的吗？”

“嗯……”年轻人犹疑地回答：“我相信再作些改进的话，一定会更好。”

老板立刻把那个方案退还给了他，年轻人拿起了方案，折回了自己的办公室。

然后，他调整了一下自己的情绪，又修改了一遍，重新交给了老板。老板还是那--句话：“这是你能做得最好的方案吗？”年轻人心中还是忐忑不安，不敢给予一个肯定的答复。于是，老板让他还是拿回去重新斟酌，认真修改。

这位年轻人的故事，给人许多启示。努力才有收获，奋斗才有成绩。马马虎虎，粗枝大叶，怎么能做好工作？

每个企业都可能存在这样的员工：他们每天按时打卡，准时出现在办公室，却不能够及时完成自己分内的工作；每天依旧早出晚归、忙忙碌碌，却在做事上面不愿尽职尽责、踏踏实实。对这部分人来说，工作只不过是一种应付而已；上班要应付、加班要应付、上司分派的工作要应付，于是就这样，顺理成章地在遇到工作检查时更要应付，甚至就连睡觉时也要忙着应付。

应付了事，其实也是员工缺乏责任心的一种表现，它实际就是工作中不用心做事，是隐藏在通往成功道路上的一颗定时炸弹，一旦时机成熟，就会轰然爆发、贻害无穷。然而，让人心痛的是，这种现象在我们的职场中依然普遍存在着。

在很多公司中，令老板最头疼的就是员工对布置的工作，不会积极努力地去做，不按质按量地去完成，而只做一些表面文章。他们不重视日常事务，基础工作不够踏实、不够完善，审核之前实行突击战略，应付了事，对于这种工作风气，实际效果可想而知。

工作不认真、不主动，应付了事，什么事都不追求最好。从某种意义上说，这种应付工作的态度比拒绝执行更加可怕。如果你拒绝执行，管理者会找一个人来替换你的工作，而应付者则从一开始就蒙住了管理者的双眼，让危害在最后时刻爆发，到时再想挽救，自是难如登天。

对员工个人来说，养成了粗枝大叶的恶习后，必定会轻视自己的工作，甚至轻视人生的意义。不认真做，粗枝大叶，马虎了事，他们不是没有能力，而是认为做不好也没有多大关系，一旦养成了工作不严谨，工作细节不认真的习惯，他将真正是一个没有工作能力的人。

从得过且过的心态来看，他们面对市场激烈和残酷的竞争视而不见，麻木不仁，导致没有进取心态，从而不认真学习，不能掌握新的知识和技能，当一个人长期待在一个不能成长的地方工作，这对公司，尤其对自己是多么残忍的一件事情，他们没有危机感、紧迫感和责任感，没有目标和自律，不能吃苦和坚持，贪图安逸，事不关己，高高挂起。

试想，当我们作为一名员工，只管上班，不问贡献；只管接受指令，不顾结果；只管应付差事，不关心企业生产效益，把事情做得“差不多”当成自己的行为准则时，结果会怎样？

如此工作的结果是：工作马马虎虎，敷衍了事，人生失去价值；产品送到客户手上，不是退货，就是索赔；企业失去客户，丢掉市场。

两个乡下人一同来到一座大城市，都选择了卖菜，并且在一

个市场上，摊还挨着摊。都是卖菜，可几年之后，却卖出了天壤之别。一个卖成了蔬菜批发商，手里有两百多万。另一个因生活无着落，只好回到了乡下。

这两个卖菜的人，为什么会有如此差别？其中那位成功者每天卖菜，都要拿出一点时间把黄菜叶子和烂根去掉，弄得水灵灵的好看；而失败者却从来没有理会过这一点，他认为卖菜怎么能没有黄叶子烂根？成功者每天总是把菜摊儿收拾得干干净净，把菜码放得整整齐齐，让人看着就舒服；失败者只把菜往地上一摊，爱怎样就怎样。成功者每天要多卖半小时，尽力全部卖出；失败者认为无所谓，今天卖不动，还有明天。

就是这些细微的差异，天长日久，两个乡下人，一个在城里站住了脚，一个只好回到乡下。这就是用不用心、是否粗枝大叶的明显区别。

用心做事是每个员工最起码的工作准则，也是一个人做人的基本要求。只有做事用心，不粗枝大叶，才能提高工作效率，才能获得更多的发展机会。

7 对公司负责，对自己负责

人一生的全部活动不外乎三个内容：生存，发展，享受。无论哪个内容的实现，都无法离开工作。人需要在工作中寻找归宿和价值，实现其理想。工作可以满足个人，让人快乐。作为一个劳动者要能够这样想，企业给了你工作，你成为其中的一员，担当了一份职责，你只有做好本职工作，才能享受到劳动的成果——安身立命、养家糊口、实现自我、体验快乐。所以，对待工作要有主人翁心态，每个人工作不是为了别人，而是为了自己。

既然工作是为了自己，那么在公司工作对公司负责也就是对自己负责了。人生中最大的责任是对自己负责，唯有对自己负责的人，才对得起自己，有益于社会。只有勇于对自己负责的人，才能勇敢地面对生活，才能永不松懈地追求上进，才能持续不断地努力完善自己，才能把工作干得更好，才有利于公司的发展壮大。所以，我们必须对自己负责，树立工作是为自己做事的观念。

四年前，高考落榜的吴宏从老家湖南来到北京打工。就在她身上现金所剩无几，已打理好行囊准备返家时，有一家汽车销售公司通知她去上班。

吴宏对这份得之不易的工作十分珍惜，尽管做的是前台接待，同时还兼做公司的很多杂务，工资也不高，但她工作认真负责，对没整理好的材料，经常一个人自愿留下来加班，直到处理完毕。

有一天，她加班刚刚做完工作正欲锁门时，接到一个传真。那是一份来自英国的传真。只有高中学历的她，只认得其中不多的单词，至于内容，她全然不懂。她打电话给老板，可老板关机。

她本打算第二天上班再交给老板处理，可机警的她正欲出门时，忽然意识到英国和中国的时差问题，说不定对方还等着回传呢。于是她坐下来，拿起英汉辞典及汽车专用英汉辞典翻译起来。搞懂意思后，她又用蹩脚的英语回了传真。回家后，她一夜没睡好觉，这么大的事没经老板批准就独自做主回了传真，真不知老板会怎么处置她。

谁知，第二天上班老板很高兴，说是吴宏及时给英方回了传真，才使得他们在其他几个同样接到英方传真的中方公司之前抢了先机，为公司争得了开张以来的首单大宗生意。

吴宏负责任的行为，给公司带来了一笔可观的利润，而她本人也得到了一份不菲的奖金。从此，她一路走来，如今已自修完大学本科，做到了销售总监的职位。

吴宏用行动告诉我们，对待工作认真负责，就没有做不好的工作。如

果你尽了最大的责任，这不仅证明你很出色，很有能力，而且你因此会得到更多薪水以外的资源财富。如果你有能力承担两份责任，就别为自己承担了一份而庆幸，如果你拒绝了另一份责任，同时也拒绝了超越自己、提升自己的机会，也就拉远了你与成功的距离。

责任是什么？就是工作使命。我们常能碰到一些员工把责任视为儿戏，总是让工作留下缺憾，让别人进行修修补补。其实，你可以这样做，也可以不这样做。选择前者的结果就是断送自己更多的工作机会，以至于最后被炒掉；选择后者就能把工作做得更好，为自己争取更多的成功机遇，而让自己步步高升。

林肯说："每一个人都应该有这样的信心：人所能负的责任，我必能负；人不能负的责任，我亦能负。如此，你才能磨炼自己，求得更高的知识，进入更高的境界。"是的，一个人要想拥有非凡的吸引力，就需要让自己有责任感，在关键时刻能勇敢地承担起责任。

小李是一名毫不起眼的理发师。他的理发店在街角最不起眼的地方，却总是顾客盈门。理由很简单：这里面有一位很好的理发师。他总能把顾客的头发剪出最好的效果。而对于顾客来说，如果能够拥有一个好发型和一份好心情，在路上多花一点时间又有什么关系呢？不仅如此，他的客人还向自己的家人和朋友推荐这家理发店。久而久之，小李的理发店名声大震，成为这个城市中首屈一指的理发店。

在这个过程中，小李招收了一批小学徒。在每次教授技艺的时候，小李总是不忘说这样一句话："记住，每一刀剪下去都要负责任。"这句话也是在小李正式做学徒的那一天，师傅对他说的第一句话。

因为这句话，小李对工作的态度近乎偏执。有一次，一位有钱人来店里理发。小李告诉对方，剪发大概要用 40 分钟的时间。对方没有异议。可是，剪到 30 分钟的时候，这位顾客突然接到一个电话，得马上走。小李坚持说，必须把头发剪完才能走，不然的话，会影响到整体的效果。顾客很生气，但是小李仍然不肯放他走，并且再三强调要为自己的工作负责。顾客没有办法，只能留在店里把头发剪完。

半年后，那位顾客又来了，他笑眯眯地对小李说："上次因为在你这里剪头发而耽误了生意，我曾发誓再也不来这里剪头发了。但后来发现其他理发店剪出来的效果都没有这里好。现在，我和我的朋友们只认你这一家理发店。"

工作就意味着责任，每一个职位所规定的工作任务就是一份责任，你从事这份工作就应该担负起这份责任。我们每个人都应该对所从事的工作充满责任感，一个人责任感的强弱决定了他对待工作是尽心尽责还是敷衍了事。如果你在工作中，对待每一件事都尽职尽责，出现问题也绝不推脱，那么你将会赢得足够的尊敬和荣誉。

职场中，我们常常认为只要准时上班，按时下班，不迟到，不早退就是对工作负责任了，就可以心安理得地去领工资了。其实，光做到这些，还远远不够。一个人无论从事何种职业，都应该心中常存责任感，敬重自己的工作，在工作中表现出忠于职守、尽职尽责的精神，这才是真正地对公司负责，对自己负责。一旦没有责任感，即使是做自己最擅长的工作，也会做得一塌糊涂。

8 勇敢地对失败负责

一个人要想干成一番事业，不但会遭遇挫折，而且还会遭受失败。人常说"失败是成功之母"，但这句话说起来容易，但要真正理解这句话的含义，却不是一件容易的事。有的人在一般情况下，也是不怕困难的，但若失败一次，就往往被慑服，找借口来逃避。

有一位青年叫牛强，在恢复高考那一年因二分之差名落孙山，后顶替体弱多病的老父亲进了一家乡办企业，当了一名碎石

工。他曾对朋友说，干这份工作很危险，有许多工友被机器轧断了手指。他还说，他要研究出一种防护设备，再也不要让这种悲剧重演了。

牛强上班半年，在了解了机器的构造后，就利用工余时间把自己的想法付诸了实践。后来，牛强搞革新的事传到了厂长的耳朵里，开始时，厂长也很支持，并拿出一台快要淘汰的设备供他拆拆卸卸。谁知，这个厂长是一个急功近利的人，见牛强的实验失败了一次又一次，就是拿不出成果，一气之下，竟把牛强解雇了。

失去工作的牛强苦恼极了，就在他打算放弃自己的追求的时候，一个专门生产碎石机的企业老总找到他，听了他的研究思路后，说："我觉得你的思路是对的，只要不懈地研究下去，就一定能成功。"

又经过半年的苦心钻研，带有防护装置的碎石机终于面世，并很快赢得了市场。

后来，牛强曾万分感慨地对他的朋友说，他之所以取得成功，是他学会了对失败负责。他说，成功以后，他才更进一步地体会到，无论是想问题，还是做事情，失败是一件正常的事，重要的是你如何学会对失败负责，从失败中学到有益的东西。正是有了这种对失败负责的精神，牛强在一个又一个的科研项目上尽管不是一帆风顺，但最终硕果累累。如今他不仅成了当地的拔尖人才，还当了那家企业的技术总监。

敢于对失败负责，不仅是一种责任心，也是一种进取精神。但在实际工作中，我们看到的是回避失败，就连一些领导在布置任务时，也是斩钉截铁地说："只许成功，不许失败。"要知道，失败其实也有失败的价值，因为每一次失败都是成功的阶梯。换言之，失败中包含着成功。或者说，失败也是走向成功过程中必不可少的客观因素，并不因为我们不喜欢它，它就会自动地远离我们。

有一种精神，叫屡败屡战。这样的人，往往内心强大，在失败面前，他们不愧为强者。民间有一个故事令人感动，说的是"六六六"的发明者，据说为了研发这种农药，失败了 666 次。他也曾说过一句很著名的话："假如成功是目标，失败就是路程，失败下去吧，成功就在前方。"

对失败负责，不仅是不被失败吓倒，同时也要勇敢地面对失败，笑看成败，不以成败论英雄。

生活是一面镜子，你对着它笑，它也对着你笑；你对着它哭，它也对着你哭，这道出了生活的真谛。人生在世，不可能一帆风顺，种种失败、无奈都需要我们勇敢地面对，豁达地处理。面对挫折与失败，是一味地埋怨生活，从此变得消沉、萎靡不振呢，还是对生活满怀感恩，跌倒了再爬起来？

其实有些失败是不可避免的，有些事情是无力改变的，有些事情是无法预测的。能补救的则需要尽力去挽回，无法转变的只能坦然接受，最重要的是要做好目前应该做的事情，勇敢地对失败负责。

有一位著名的生物学权威教授拉塞特，看到生物学的著述都错误百出，于是教授宣称他决定出版一本内容绝无错误的生物学著作。经过一段时间，在众人引颈期待中拉塞特教授的生物学著作终于出版了，书名叫做《夏威夷毒蛇图鉴》。许多钻研生物学的人，迫不及待地想一睹这本号称"内容绝无错误"的生物学著作。但每个拿到这本新书的人，在翻开书页的时候，都不禁为之一怔，每个人几乎不约而同地急忙翻遍全书。看完整本书后，每个人的感觉也全都相同，脸上的表情也是同样的惊愕。

原来整本的《夏威夷毒蛇图鉴》，除了封面几个大标题的大字之外，内页全部是空白。也就是说，整本《夏威夷毒蛇图鉴》里，全都是白纸。

大批记者涌进拉塞特教授任职的研究所，七嘴八舌地争相访问教授，想弄清楚这究竟是怎么一回事。

面对记者的镁光灯，拉塞特教授轻松自若地回答："对生物学稍有研究的人都知道，夏威夷根本没有毒蛇，所以当然是空白的。"

拉塞特教授充满智慧的双眼，闪烁着奇特的光芒，继续道："既然整本书是空白的，当然就不会有任何错误了，所以我说，这是一本有史以来，唯一没有错误的生物学巨著。"

拉塞特教授的故事像一个幽默笑话，然而它的意义却很深刻，它意味深长地告诉人们：别因恐惧失败而故步自封；或是因为过去的错误决策造成过重大损失，自己就裹足不前。如果这样，岂不正如教授出版空白纸张一般？重要的是，我们的人生焉能留下空白？生命笔记当中，还有无数的空白页面，有待我们勇敢地提起行动的彩笔，让它成为一页又一页精美的图鉴。

人生中有成功就有失败。失败不意味着你就是一个失败者，失败表明你的努力还不够；失败不意味着你必须忏悔，失败表明你还要吸取教训；失败不意味着你一事无成，失败表明你得到经验；失败不意味着你无法成功，失败表明你还需要一些时间；失败不意味着你会被打倒，失败表明你需要好好思考。

职场中的我们，勇敢地对失败负责吧！不管怎样的失败，只要我们微笑面对，你慢慢就会意识到，失败不过是一碟小菜。

第六章

静下心来，用对方法做对事

世上并没有用来鼓励工作努力的赏赐，所有的赏赐都只是被用来奖励工作成果的。要想获得更大的成功，达到事半功倍的效果，在很大程度上需要用对方法做对事。如果你努力做了，结果还是没有获得预想的成功，那就要想一想了，是不是方法有问题。成功者找方法，失败者找理由。好的方法能起到事半功倍的作用，相反，方法不对，就会是事倍功半了。

1

把握时机，讲究策略

放眼古今中外，许多成功人士的成功，都是因为把握住了时机。

世界酒店大王希尔顿，早年追随掘金热潮到丹麦掘金，他没有别人幸运，没有掘出一块金子，可他却得到了上天的另一种眷顾。当他失望地准备回家时，他发现了一个比黄金还要珍贵的商机，也迅速地把握住了它。当别人都忙于掘金之时他却忙于建旅店，他顿时成为了有钱人，也为他日后在酒店业的成功奠定了基础。

中国首富李嘉诚，他的成功也在于对时机的精准把握。改革开放初期，社会还相对落后，土地远没有现在这样贵。在这样的时代背景下，李嘉诚把握住了商机，在自己并不富裕的情况下借巨款购买了大量的地皮。这样的举动需要多大的勇气和智慧啊。也正是这次常人想都不敢想的投资使他发家，成为了亚洲地产大亨。

一个人的成功离不开机遇，一旦失去了机遇，那将终身遗憾。拿破仑这个科西嘉人聪明过人，才华横溢，但总得不到上司的重用，在一次镇压政变中，他的军事才能发挥了作用，因此一举成名，以后更是飞黄腾达，最终成为法兰西共和国皇帝。许多成名的艺术家也是因抓住偶然的机遇而大放光彩，比如歌唱家张建一在澡堂的一声大叫，被伯乐发现，这个五音不全的男高音，经过学习训练在国际声乐比赛中获奖。

有人说，最美妙的机遇是有捷径的，作家梁晓声曾经道出了一些幸运

儿的成功秘密,他说:有的人搭上机遇的快车,顺风而行;有的错过于它,终身遗憾;有的一生都未能实现,默默地埋藏了自己才华。

天赐良机不可失,坐失良机更可悲,一个职场人要学会把握时机,创造机遇,用自己的聪明才智勤奋努力,不断进取,踏踏实实地耕耘,才能获得成功。

机遇往往是偶然的,稍纵即逝。因此,要抓住机遇,就必须有一个精明的头脑详细地研究,细心地观察,捕捉机会。也就是说,把握时机必须讲究策略。

英国细菌学家费莱明,童年时就爱好探问事情的来龙去脉,一次他跟母亲去医院探望一位病人,他见到医生就问一连串的问题,医生看他聪明伶俐,便回答了他提出的问题,最后说道:"孩子,人们还没有详细研究过的病症多得很呢!"这句话给费莱明留下了深刻印象,他暗暗下定决心,长大了要当医学家,专门对付那些没有研究过的病症。费莱明长大后,果然攻读医学,大学毕业后,他进圣玛丽医院从事疫苗的治疗研究。"还没有详细研究过的病症"这句话一直留在他的脑海中。特别是其中的传染病症,期望能找到一种杀灭病原菌的方法。他在实验观察中偶然发现青霉素的分泌能杀葡萄球菌,从此人类的传染病症有药可救。费莱明发现青霉素,似乎是非常偶然的,实际上都是他懂得把握时机要讲究策略的必然结果。

所谓"策略",除了做详细地研究,细心地观察、捕捉机遇外,还要有勇气和决心抓住机遇。

意大利航海家哥伦布,他从小就对航海有浓厚的兴趣,20多岁时已成为一个很有经验的水手了。一个偶然的机会,使他读到了一本《东方见闻录》,从此,他一直想到东方寻找财富,后来,他带着87名水手,乘着三艘帆船,向西远航了。人们都觉得非常新奇,有些人怀疑,他们能到东方吗?哥伦布真是异想天开!他们顶着狂风巨浪,历尽艰难险阻,在茫茫的大西洋海面上度过了70多个白天黑夜,终于在一块陆地上着落了。哥伦布在人类历史上,第一次完成了横渡大西洋的航行,他的功绩何其伟大!

所以说，一个职场人如果缺乏敢冒风险的勇气，就不会有成功的良机。在哥伦布之前，任何人都有发现新大陆的可能，然而他们之所以终究没有发现新大陆，就在于不敢冒险。哥伦布这样做了，他成功了。事实证明机遇不是那么容易被抓住，并不是所有人见到苹果从树上掉下来就都能想到万有引力。

那么，如何才能准确地把握时机，抓住机遇呢？

这里要讲究一个最重要的策略，那就是把握最佳时机。一个优秀的足球运动员在球场上的激烈争夺中，能巧妙地将球踢入球门，不仅仅靠他的勇猛和技术水平，还要选定最佳角度，准确把握战机。踢球如此，职场工作也是这样。

总之，你生活在一个充满机遇的职场里，只要你平时注意加强知识的积累，有敢为天下先的创新意识和勇气，把握时机，讲究策略，那么你就会不断获得事业的成功，有道是："机不可失，时不待我。"

2 未雨绸缪，有备无患

无论在哪个领域，机遇只留给那些有准备的人，成功也只留给那些有准备的人。劳伦斯.J.彼得说过一句很有哲理的话，值得每一个职场中人牢记：不要有怀才不遇、生不逢时的想法。只要你是锥子，哪怕是放在口袋里，年长日久，也会冒出尖来。

凡事都要早做准备，只有这样，才能比别人更快地进入做事状态，更快地想出办法，更快地付诸行动，更快地达到目标。俗话说"笨鸟先飞早入林"、"早起的鸟儿有虫吃"，即使我们不是"笨鸟"，也要"先飞"，也要"早起"，因为只有把提早开始工作，我们才能比别人更早获得机会，从而比别人更早获得成功。

有一位年轻人，毕业于华中理工大学少年班，1993年，他进入一家著名的科技企业。没多久，他即被提为主任工程师，一年后被任命为公司总工程师，27岁时他被提拔为该公司最年轻、最受倚重的副总裁。这位才华横溢的年轻人之所以晋升如此神速，就在于他不但对技术的发展趋势非常敏感，而且总能够给总裁提供许多前瞻性的建议，总能提前为所开发的技术项目解决难题。当别的员工还在为一个产品在市场中的成功开发而陶醉不已时，他已经给总裁提出新的建议，并着手开发下一代产品了。很显然，这样的员工无论在哪个公司都会受到老板的青睐。

几乎所有的上司最先看到的就是那个第一个完成工作的人，如果一个人什么事情都能够比别人做得更出色，又能够率先完成，那么这个人没有理由不从众多员工中脱颖而出，没有理由不出类拔萃，没有理由不受到上司的重视和青睐。

小谢大学毕业后在一家贸易公司当了一名临时职员。从上班那天起，她就时刻提醒自己，一定要做一名合格的正式员工。为了达到这个目标，她认真全面地了解公司的目标、经营方针、组织结构、销售方式等，以便在以后的工作中能更准确、更有效地采取行动。她积极主动地向同事们请教问题，除了努力提高自己的技术能力外，在同事遇到问题或忙不过来时，在完成自己的本职工作后她就主动前去帮忙。在领导下达给那些正式职员一些任务时，她自己也主动完成一份，完全按照正式职员的标准要求自己。在结束一天的工作之后，她还常常不怕辛劳，准备好第二天要用的资料。对此，有的人总笑她太傻："那么辛苦干吗，领导又看不见，太不值得了。"面对这些，小谢总是一笑了之，从不辩解，只是继续做自己认为应该做的事情。

半年后的一天，领导向办公室主任要香港会议上所用的资料。办公室主任有些慌了，他前两天给职员小张交代了一下，因为领导后天去香港，也就没催促他快点完成，现在好像还没做好呢。"临时有了变动，今天下午就要去的。还没准备好吗？我不是前两天就给你说了吗？你自己想办法解决！"领导忍不住发火了。

正在办公室主任一筹莫展的时候，小谢拿出自己准备的那份资料交给了他："我准备的，您看一下吧。"主任一看，比以前小张准备的还要整齐、全面，于是赶忙给领导送了去。"这是谁准备的？"领导看了看问。"一个临时职员，我看还非常全面。"主任连忙回答。"嗯，不错，能够提前做好准备，是个做事情的料。"看来领导很满意。

几天后，领导从香港回来，第一件事就是把小谢转为正式职员。现在，她已经是领导的办公室助理，协助领导打理生意上的很多事务。

在还没有得到这个职位以前就已经身在其位了，凡事比别人快一步，主动去做上司没有交代的事，并把这些事做好，这就是小谢获得提升的原因。这也足以证明，在职场上，那些能做到"未雨绸缪，有备无患"的人，会比得过且过的人离成功近一些。

任何老板，都需要那些自发寻找任务、自发完成任务、自发创造财富的员工。当你主动给自己更高的定位，并主动把这些事情做好时，你就会比同事做得更快、更好，你在老板心目中的位置也会随之升高，带给你的也将是更多的发展机会。

奥尔·布尔是一位杰出的小提琴家，多年以来一直坚持不懈地练习拉琴。通过不断的练习，他的技艺早已成熟到后来他出名时的那个程度了，但是他始终还是默默无闻，不为大众所知。

不过，他的运气迟早会到来。一次，当这个来自挪威的年轻乐手正在演奏的时候，著名女歌手玛丽·布朗恰巧从窗外经过。奥尔·布尔的演奏使她如痴如醉，她从来没有想到小提琴能够演奏出如此优美动人的音乐，她赶紧询问了这个不知名乐手的姓名。随后不久，在一次影响力极大的演出中，由于她突然与剧场经理发生了分歧，不得不临时取消了自己的节目。在安排什么人到前台去救场时，她想到了奥尔·布尔。面对聚集起来的大批观众，奥尔·布尔演奏了一个多小时，就是这一个多小时，使奥尔·布尔登上了世界音乐殿堂的巅峰。对于奥尔·布尔而

言，那一个小时便是机遇，只不过，他早已为此做好了准备。

成功的秘密在于，当机遇来临的时候，你已经做好了把握住它的准备。对于那些懒惰者来说，再好的机遇，也是一文不值；对于那些没有做好准备的人来说，再大的机遇，也会彰显他的无能和丑陋，使他变得荒唐可笑。

在职场，做任何事情都要有所准备，千万别希望一朝一夕就能功成名就，主要在于平时抓紧积累。如果平时不修炼真功夫，指望“临阵磨枪”、“临渴掘井”，是不可能有效果的。

3 发挥优势，扬长避短

屈原的《楚辞·卜居》里说：“夫尺有所短，寸有所长”。这揭示了世界万物都有长处和短处的客观事实，也启示了人们需善于发现与发挥万物的长处。尤其在激烈竞争的职场中，每一个员工更需要学会扬长避短，处理问题时，发挥发扬优势或有利条件，克服回避缺点或不利条件。

缺陷和不足，是每个人不可避免的，就看你怎么去面对，你如果能积极地面对，扬长避短，充分发挥你的亮点和发光点，只要你自信、乐观，有一个好的精神面貌，不管你有什么先天不足，你同样能在人生的道路上熠熠生辉。

卡耐基说过：“一种缺陷，如果生在一个庸人身上，他会把它看作是一个千载难逢的借口，竭力利用它来偷懒、求恕、博取同情。但如果生在一个有作为的人身上，他不仅会用种种方法来将它克服，还会利用它干出一番不平凡的事业来。”

在工作中，我们应当想办法扬长避短，充分发挥自己的优势。我们改变不了生命的长度,就要试着增加它的宽度。

许多人找工作,特别是刚毕业或即将毕业的大学生,不是根据自己的优势选择职业,而是凭着自己的主观愿望去找大的公司、高薪的职位,如果某方面是自己的弱项,也希望通过这个工作来磨炼、弥补自己的弱点,结果往往不尽如人意。

小萌在一所重点大学读本科时就获得了经济学和法学双学士学位,毕业后在大型企业做了2年的营销策划工作,后又重返学校读研究生。研究生毕业后,她分配到北京一个研究所,仅3个月,因跟上司、同事的关系没处好被迫离职。

有专家帮她分析指导,认为她适合做策划研究,适合比较有独立性工作的职业。而她却说:一个人的力量是有限的,坚持要学会与别人一起工作,结果屡屡受挫。

在职场中,因为性格原因,有的人适合于与别人一起工作,有的人就不适应。不适应的人尽管通过实践、学习可以有所改变,但终究不适合与别人一起工作。如果你有独立工作的能力,为什么不去选择一个可以独立工作的职业呢?为什么一定要在职场上以己之短去比人之长呢?

很多人都像小萌这样,常常迷失了自己。她们总是试图改变自己,去迎合职场,总是试图弥补自己的短处,只是为了去与别人的长处竞争。殊不知,每个人最大的成长空间在其优势方面。成功职业之道在于最大限度地发挥优势,控制弱点,而不是把重点放在克服弱点上。

尽早地发现自己的强项,并努力经营自己的强项,使自己的强项发挥到极致,这是通向成功之路的捷径。有的人一辈子干着自己不擅长的事情或是不愿干的事情,在自己的缺陷方面苦苦挣扎,长时间在黑暗中摸索,这样即使他们非常努力也很难获得成功。当然,这并不是他们没有能力,而是因为他们没有找到自己的强项,以至于四面出击,兵力分散,难以成功;而有的人能够集中优势兵力打歼灭战,长时间地在自己的强项上下功夫,结果成就大业。

1972年,新加坡旅游局给总理李先耀递了一份报告,说新加坡不像埃及那样——拥有金字塔,不像日本那样——拥有富士山,也不像夏威夷那样——拥有海浪,有的只是阳光的直射。李光耀总理给了这样的评语:“有阳光就足够了。”结果新加坡利用自己阳光充足的优势条件,大力发展种植业,把新加坡建成了“花园城市”,给新加坡的旅游业带来了生机和希望,新加坡的旅游收入连续多年位居亚洲第三。

当你失败抑郁的时候,请不要抱怨。因为上帝对每个人都是公平的,你在某个方面拥有缺陷,而在另一个方面可能拥有优势。想要成功,你需要把自己的精力和付出投入到你的优势上。

如果你总是将自己的弱项显露在外,和别人比较,只能徒增烦恼。既然上帝创造了世界上独一无二的你,你肯定就有别人比不上的东西。扬长而避短,你一样可以成为最优秀的人。正如有人说,成功源于经营自己的强项,发挥自己的优势,而不是花大力气弥补自己的缺点和不足。

泰格·伍兹在孩童的时候,就表现出了非凡的高尔夫天赋。1999年年末,他坐上了高尔夫球界的世界头把交椅。高尔夫球王者尼克劳斯在2005年含泪宣布退役之后,伍兹便成了当今世界高尔夫球界无可争辩的王者。

多年来,泰格·伍兹在高尔夫球场上叱咤风云,集世界体坛首富、高尔夫球世界头号球星于一身,但是他在沙地上的球技并不好。他拒绝了“什么弱就补什么”的观念,没有花大力气提高其在沙地上打球的技能。而是在他的教练的调教下,采取了全然相反的策略——在练习时,他们只花一些时间在这一弱项上,好让他在沙地上的成绩提升到一般水准,不致拖太多后腿,而将其他所有的练习时间全都投入到伍兹的强项上,让他的优势更加突出。

当初如果伍兹只知道弥补自己的短处,而不是将个人优势最大化,或许不会有今日的这一番成就。他做的只是经营自己的强项,当他的强项变得更强时,他也就变得越来越成功。所以,我们在确立自己的目标时,应当结合自身的实际情况,以自己最有优势、最可能获得成功的方向为目标,让付出最具成效。否则,一旦选择错误,即使付出再多的精力,也难以达到目标。

职场中,有些人确实不缺乏能力,但是因为没能将自己的强项经营好而抑郁终身,甚至自暴自弃,结果一事无成。如果你总是放不下你的弱项,就难免会受到失败的打击,消磨你的锐气,让你变得缺乏激情,因为没有收获而深感空虚。这时,需要的是转变思维,重新审视自己的优势,经营自己的强项。

中国有很多至理名言,比如“只要工夫深,铁杵磨成针”、“勤能补拙”……鼓励人们不遗余力地去纠错补缺,把追求完美当成“成功”的代名词,把注意力放在“应该改进的缺点”上,而不是取得多少成绩上。我们为什么不能换一种思路呢?没有人是生来完美的,每个人都有自己的优势,只要认识并合理应用它们,那成功不是可以更加轻松吗?

每个人的天赋是不同的,在你的劣势上再努力,也很难超过在这方面有优势的人。与其在你的劣势上耗费青春和光阴,不如把你的投入放到自己的强项上。扬长避短,才是智者所为,经营自己的强项,才是通往成功的最好途径。

职场中没有哪个人是全能的。成功的人只是比他人更懂得强化自己的优点并避免自己的缺点。如果我们用自己的短处与别人的长处竞争,就等于把自己放在劣势地位,就无法在激烈竞争中脱颖而出,取得成功。事实上,成功非常简单,那就是发挥优势,扬长避短,经营自己的强项。

4 先人一步胜算大

只要我们留心就很容易发现,在日常生活中,常常看到商店里挂出显眼的打折招牌,或是推销员告诉买主所售商品“存货不多,欲购者从速”,或是宣称某类商品不久将会调价,等等。你往往会想到立马就去购买,即使你现在还不需要这些东西或你本不打算这么早就购买,但你仍然会很快作出行动,生怕晚别人一步而没了。

在职场工作中,为了实现某个目标或做成某件事,常常要办事求人

等，也常常有许多机会需要我们及时去抓住，趁别人还未回过神而捷足先登，使事情始终朝有利于自己的方向发展。但机会不多，有时也许就只有那么一个，如果你不能快脚快手，先人一步，机会很容易就被别人抢走了，到时自己是后悔也来不及了。

1985 年 7 月，长沙人民织布厂与德国的某公司正式签署了购买 180 万马克旧织布机的合同。按照合同规定，中方必须在 8 月底付出一半资金。但是，由于某些客观原因，中方在 11 月 30 日才付出这笔资金。经过谈判，德方对中方的谅解请求表示同意。可是到了 12 月 18 日，德方突然改变态度，要求中方赔偿违约金和利息。为此，双方在德国举行了谈判。

为了掌握谈判的主动权，中方代表设法在发行量为 47 万份并且了解其内情的《津茨堡城分报》的头版头条刊登出题为"织布机引起的激烈争论——中国工厂感到受骗"的长篇报道，披露了谈判的真情，还配发了照片。中国代表的这一举动，立刻引起德国公众的强烈反应，不少人认为"这种商人不能代表德国人"，对某公司的行为表示不满。报道刊出后，几乎每天都有人去看望在某公司拆卸旧织布机的中国工人。在此基础上，中国代表又积极展开联络活动，利用德国新闻界人士组成的津茨堡"君子俱乐部"邀请中国人参加周末午餐会的机会，出示了中方与某公司签订的合同、清单等有关资料，解答了许多纠纷中的问题。中方采取的一系列措施，进一步得到了公众舆论的同情和支持，就连德国第三大银行大众银行津茨堡分行行长，都主动帮助中方了解某公司这套设备原来的价格及事情的来龙去脉。

最后在正式谈判前，某公司迫于公众与舆论的压力，不仅放弃了 65 万马克的索赔，还把购买设备的 180 万马克降到 150 万马克。再次签约后，双方握手言和，重归于好。对此，某公司老板深有感触地说："没想到中国人这么厉害，我和外国人做了很多生意，像这样惨败还是第一次。"

长沙人民织布厂先人一步而取得谈判胜利的事例告诉我们，工作中如果我们求人时，若是求人者处于劣势和被动地位，那么更加不可以坐以待毙，而要先发制人，变被动为主动，使事情朝着有利自己的方向发展，并最终取得满意的结果。

佐佐木基田是日本神户的一位大学毕业生，他毕业后在一个酒吧打短工时，遇到一位中东来的游客，二人说话很投机，于是游客慷慨地送给他一只很有特色的奇妙的打火机。这只打火机妙就妙在：每当打火，机身便会发出亮光，并且随之出现美丽的图画；而火一熄，画面也便消失。佐佐木反复摆弄、玩味，觉得十分美妙、新奇。于是他向游客阿拉罕打听这种打火机是哪里生产的，阿拉罕回答他是在法国买的。

佐佐木灵机一动，心想要是能代理销售这种产品，一定会受很多人尤其是年轻人欢迎，肯定能赚一大笔钱。他一面想，一面就行动起来。他想办法找到法国打火机制造商地址，写信给对方，十分恳切地要求代理这种产品。最后他花一万美元获得了这种打火机的代理权。

当佐佐木"搞定"打火机代理权时，日本也有几个商人想获取法国打火机的代理权，结果让名不见经传的佐佐木捷足先登取得了。若佐佐木如果没有抢先一步，先发制人，他很可能竞争不过其他有代理商品经验的商人。

佐佐木积累资金后开办了一个成人玩具厂，专制打火机、火柴、水杯、圆珠笔、钥匙扣、皮带扣等带有奇妙特色的产品。这些产品市面上不是没有，但佐佐木总是先人一步，在某项功能或某种款式上下工夫，做到人无我有，人有我新，即要有特色，有别于他人。他凭着才气和灵活的头脑，赤手空拳闯天下，终于由一个穷书生变成了腰缠万贯的富翁。

"先下手为强，后下手遭殃"乃兵家用语，但事实上，在现实生活中，这句话也是很有实用价值的。佐佐木没有先人一步的话，就难有后天的成就了。俗话说"机不可失，时不再来"，机会摆在面前，你不先下手的话，别人就会抢先一步，而只有抢到机会，把握住机会的人才会成功。

做任何事都是这样，如果你行动不够迅速，别人就会抢先一步，想把事情做好，就必须行动迅速，先人一步胜算大，至少把办事的主动权先握在自己手里了。反之，如果做事拖拖拉拉的，就老想往后拖一拖，以后再说，往往丧失最佳时机。

每个人的学习、工作都很忙,有时缓一缓再做有助于调节紧张的神经,但是如果凡事都要"以后再做",往往会影响以后的工作,结果导致计划落空,生活一片混乱,自责、后悔、烦躁的情绪也会随之而来。影响了自身的进步不说,还容易由于混乱而不能发挥应有的能力。

先人一步胜算大,每一个职场人都应果断,看准了,考察清楚了就要立刻行动,不要等机会溜走了再后悔。机会是留给有准备的人的,成功属于马上行动的人。

5 巧干胜过蛮干

做工作、干事情大体有两种干法,一种是巧干,一种是蛮干。一个人,能否干好事、干成事,究竟是事业有成还是一事无成,区别就在于善于巧干还是只会蛮干。

巧干,得有灵巧之心,懂巧妙之术,心巧才会手巧。巧干的人,好比"巧媳妇",透着一股灵气,有悟性、机敏是她美妙的身姿。巧干的人,善于琢磨事,善于捕捉机遇,善于借势借力。当年诸葛亮"借东风",一夜借得十万枝箭,就是巧干结果。巧干,必须懂得事物发展的特点和规律,能够寻到干好事、干成事的路径。而蛮干,动的是死脑筋,用的是笨办法。机械是蛮干的四肢,死板是蛮干的五官,简单是蛮干的脑瓜,老经验是蛮干的全部家当和资本。蛮干,常常会认死理、钻牛角尖、走极端。

蚂蚁向来以勤奋工作而为人们所称道,但是根据科学研究发现,蚂蚁群里面存在许多"懒蚂蚁"。这些懒蚂蚁很少干活,总是东张西望、到处闲逛。令人不解的是,大多数都很勤奋的蚂蚁为什么要养活这些不干活的"懒虫"?

为了弄清楚其中的奥秘，生物学家在这些懒蚂蚁身上做了标记，并且断绝了蚂蚁的食物来源，观察蚂蚁会有什么样的反映。其结果让观察者大为惊奇：那些平时工作很勤快的蚂蚁却不知所措，而那些被做了标记的懒蚂蚁则成为了它们的首领，带领伙伴向它们平时早已侦察到的新食物源转移。接着，生物学家们再把这些懒蚂蚁全部从蚁群里抓走，随即发现，所有的蚂蚁都停止了工作，乱作一团。直到他们把那些懒蚂蚁放回去后，整个蚁群才恢复到繁忙有序的工作中去。生物学家发现，大多数蚂蚁都很勤奋，忙忙碌碌，任劳任怨，但它们紧张有序的劳作却往往离不开那些不干活的懒蚂蚁。懒蚂蚁在蚁群中的地位是不可或缺的，它们能看到组织的薄弱之处，拥有让蚂蚁群在困难时刻仍然存活的本领，使自己在蚁群中不可替代。

其实，在现代企业中，也同样有类似于"懒蚂蚁"那样的员工存在。他们在平时看起来非常悠闲，每周真正用在工作上的时间也非常短，但老板却愿意为他提供很高的薪水，并且对他们赞赏有加。因此，身在职场的我们必须明白，仅有勤奋还不够，因为肯勤奋苦干的人随处可见。更重要的是，我们要学会聪明地工作，善于解决企业中的难题，培养自己的核心竞争力，进而成为组织里很难替代的人。

有这样一句俄罗斯谚语："巧干能捕雄狮，蛮干难捉蟋蟀。"这句话道出了一个普遍的真理，即做事要讲究方法，巧干胜于蛮干。

在职场，埋头做好领导交办的事情本是无可厚非的，不过要想迅速攀到职业顶峰，这是远远不够的。许多人为了在领导面前表现自己，常常加班加点工作。这些人错误地认为唯有这样才能得到上司的赏识。其实，工作效率与工作业绩才是最重要的，不能盲目地为忙而忙，也不能为做表面文章而假忙，结果却没有任何成绩。

一天，一家建筑公司的经理突然收到一份账单，账单上所列的东西不是任何建筑器材，而是两只小白鼠。总经理不由心生疑惑：公司买两只小白鼠干什么？他有些生气，找到那个买小白鼠的员工询问："你觉得小白鼠很好玩是吗？你为公司买两只小白鼠到底要做什么？"

员工并不急于为自己辩解，而是问了经理一个问题："上周

我们公司去修的那所房子，电线都安好了吗？”

“安好了。”经理没好气地说，“你问这个干吗？快说你买白鼠的原因。”

员工回答道：“我们要把电线穿过一根10米长但直径只有2.5厘米的管道，而且管道砌在砖石里，并且拐了4个弯。当时，小王和小李费了很大劲把电线往里穿，却怎么也穿不进去。后来我想了一个好主意，到一个宠物店买来两只小白鼠，一公一母。然后把一根线绑在公鼠身上并把它放到管子的一端。另一名工作人员则把那只母鼠放到管子的另一端，并且逗它吱吱叫。当公鼠听到母鼠的叫声时，便会顺着管子跑去救它。公鼠顺着管子跑，身后的那根线也被拖着跑。我把电线拴在线上，小公鼠就拉着线和电线穿过了整个管道。”

经理听了恍然大悟，惊喜万分，他想不到这个员工原来这么聪明。从此，这个员工就成了经理身边的红人，一直被老板重用。

同样一件事，小王和小李想尽办法没能解决，而这名员工却轻而易举地把问题解决了。为什么？那是因为他懂得对于一件用常规的方法无法解决的难题，要懂得用非常规的方法去解决，要巧干，而不是蛮干。

成功的秘诀很简单，就在于善于开动脑筋去想办法，用智慧去解决问题。

一个知名企业的老总时常这样对员工说：“我们的工作，并不是要你耗费体力、耗费时间去拼命，而是要你带着大脑去工作，要巧干，而不是蛮干。”这就是说，一个优秀员工应该勤于思考，善于动脑，分析问题和解决问题，找出巧妙的解决办法，而不是一味出蛮力。不论工作有多么繁忙，也要腾出时间来思考，找出最为省力有效的解决方案。

巧干是指在工作中懂得挖掘技巧、灵活解决问题的工作方法，它是一种解决问题和发明创造的能力，是一个人敏锐机智、灵活精明的反映，也是充满活力、随机应变的表现。有人被一个海蚌夹住了脚，怎么掰都掰不开，最后他抓了一把细沙放到蚌壳里面，蚌就自动打开了，因为蚌最怕的就是细沙。可见，蛮力并不能解决问题，巧干却能事半功倍。因为巧干抓住了事情的关键，并找到了解决问题的针对性方法。

因此，职场中的我们在任何时候都要做一个有头脑、有智慧的员工，应重视思考，讲究方法，而不是一味蛮干。

6 摒弃急功近利

"欲速则不达"是孔子的一句名言，时至今日，这句话对我们职场中人仍有深刻的指导意义。在职场中，做事时应该从实际出发，不要单纯图快，容易出现纰漏，导致达不到预期的目的；不要贪图小利，导致捡了芝麻丢了西瓜。

当事业遇到困难挫折时，我们总想尽快摆脱困境，但是这时更应该冷静下来，不能得病乱求医。理性而智慧的人永远知道面对挫折时该如何出招，优秀的棋手即使是和水平远低于自己的对手下棋时，他们也不会轻敌大意，避免贸然走出"昏着"。因此，在人生的棋局中，我们也要学会冷静对弈。

行走于职场，我们要想战胜挫折，就不能忘记提醒自己自我的存在，首先要清楚自己所面对的是怎么样的困难。当双眼专注于一个"快"字上时，心智就很容易被蒙蔽。腾不出时间看看自己，不再问自己：我走的方向对吗？路上是否有坎坷崎岖？准备充分吗？是否有足够的食物支持我抵达终点呢？走到中途休息时，是否有办法得到补给？有没有更快更便捷的路呢？

急功近利者，一定是目光短浅者。看待事情往往是"一叶障目，不见泰山"，为了摆脱眼前的困境，可以不考虑未来的利益，这无疑是饮鸩止渴，求得了一时的痛快，而以长远的痛苦为代价。这往往是得不偿失的。

古代有个叫养由基的人精于射箭，有百步穿杨的本领。有

一个人决心要拜养由基为师，经几次三番的请求，养由基终于同意收他为徒。养由基交给他一根很细的针，要他放在离眼睛几尺远的地方，整天盯着看针眼；又让他一天到晚在掌上平端一块石头，伸直手臂练臂力。那个徒弟想不通了，他想："我只学他的射术，他却让我整天盯针眼、端石头做什么？"于是很不服气，不愿再练。后来这个人又跟别的老师学艺，最终没有学到射术，空走了很多地方。

其实，如果这个学徒能脚踏实地，不好高骛远，甘于从一点一滴做起，他的射术肯定会很精湛，但是他并没有坚持下去，而是抱着急功近利的心态，导致最后一事无成的结果。

当代职场上的急功近利现象很多。有些人的职场之路注定不平坦，一些平时看似无伤大雅的投机行为，会给他们自己未来的职业生涯"挖坑"。下面这个故事就值得每一个职场人引以为戒。

有一天，某公司的客户经理柏光顺利签下一个大单，团队成员很是欢欣鼓舞了一番，大家一边向他道贺，一边分头计划，着手准备后续跟进。在每个同事眼里，只要跟着柏光把这个项目做下来，年终业绩一定差不了。

还没来得及高兴多久，人事经理突然收到一封电子邮件，是柏光发来的。信上说，家里突然有点急事，没办法完成接下来的工作了，打算辞职，并希望公司把他应得的项目奖金结清。一时间，办公室里人心惶惶。上百万元的合同都签了，要是在执行上出了问题，违约金暂且不说，公司声誉肯定会一落千丈。还好，仗着人手多，七八个人一起熬了几个通宵之后，总算涉险过关。至于柏光的突然消失，谁也没有深究。

后来一次偶然的机会，人事经理才知道，柏光的辞职并不是因为什么家庭原因。正是由于签下当初那个单子，他成功转到同行业的另一家公司，职位提升了，薪水更是陡增50%。

柏光的跳槽确实给他带来了可观的现实利益，但如果用长远的眼光来看，这至少算是不够厚道的行为，会成为他未来职业发展中的一个硬伤，甚至是一道越不过去的障碍。

果然如此，柏光在新公司过得并不开心。因为之前那次并不光彩的跳槽事件，老板对柏光并不十分放心，虽然也会把一些大单子交给他做，但总会安排其他同事一起负责，绝少把一件事彻底交给他独立完成。新同事对柏光的过往也有所耳闻，相处起来总觉得隔了一层。没有谁会和他掏心掏肺，都担心自己不知道什么时候会被他当成实现下一个目标的炮灰。

原来公司的同事提起这人，更是气不打一处来。偶尔在商务场合中遇到，彼此都会觉得尴尬，索性互相当对方是空气，面无表情地匆匆躲掉。

毋庸讳言，生活中真的存在那么一种人，和柏光一样，他们或是靠着一时的小聪明，或是在面临关键选择的时候过于短视，虽然取得了阶段性的“成功”，但接下来，如果他们把这种方式当作成功经验不断“复制”，后果只有一个——崩盘。

“不想当将军的士兵不是好士兵”，的确，向往成功、追求成功是每一位身处职场人士努力的目标。但是，成功并不只在于“敢于追求”，而且还必须建立在自身的能力基础之上。许多人在职场中，为了能够迅速攀到“顶峰”，常常会产生一种急功近利的浮躁行为，在这种行为的指导下，往往事与愿违。

急功近利者，由于对成功的期望很高，总想事半功倍或者急于求成而拼命工作。可现实又不因人的主观意愿而改变，因此，或者一有挫折很容易失望、失落乃至崩溃，或者因不断自我加压、心有余而力不足导致身心交瘁。

急功近利者，多半不会考虑长远，只图眼前利益，使用的手段往往是短视而拙劣的短期行为，所以注定了他只能耍小精明而没有大智慧，成不了大器。

急功近利者，往往总是盲从世俗，脑袋长在人家的脖子上。别人说白领时尚，便千方百计穿上白领服装。别人说文凭重要，便急急忙忙去混文凭。别人下海捞钱去了，便如同热锅上的蚂蚁，马上削尖脑袋下海去。

在这样一个急功近利的时代，我们更应静下心来，耐心地把工作做好。《易经》里有一卦叫渐卦，就是告诉我们凡事都要循序渐进。事实也证明，想要成为一个成功人士，就需要一步一个脚印，脚踏实地，从最基础的事情做起，为自己的发展打下坚实的基础，就像建造房子一样，只有把基础打扎实了，发展才会迅速，大楼才会盖得既牢固又高大。

7 逆向思维也可殊途同归

逆向思维是一种比较特殊的思维方式，它的思维取向总是与常人的思维取向相反，比如人弃我取，人进我退，人动我静，人刚我柔，等等。这个世界上不存在绝对的逆向思维模式，当一种公认的逆向思维模式被大多数人掌握并应用时，它也就变成了正向思维模式。

逆向思维并不是主张人们在思考时违逆常规，不受限制地胡思乱想，而是训练一种小概率思维模式，即在思维活动中关注小概率可能性的思维。

思维能力是人的一种精神活动能力，是智力的核心。我们做任何事情，如果缺乏良好的思维，就会自我闭塞，障碍重重，非但难以解决问题，而且还会使事情变得愈加复杂。只有具有良好的思维，才能升华生命的意义，收获理想的硕果。而逆向思维正是发现问题、分析问题和解决问题的重要手段，有助于克服思维定势的局限性，是决策思维的重要方式。

> “化学大王”杜邦是靠制造军火起家的，随着第一次世界大战的结束，他意识到开发民用产品的紧迫性。于是，他反向求异，抑制火药生产，大力开发与民生息息相关的化工产品，逐步实现了化学工业的辐射式经营，胜利完成了产品开发的战略性转移，为企业的发展开辟了灿烂前程。

当很多人在往同一条路上挤的时候，只要你拥有足够的实力和信心，另谋道路，也许会达到殊途同归的目的，只不过你看起来要轻松得多罢了。这就是说，逆向思维也能殊途同归，希望早日成功的职场人，从中不是可以得到很深的启发吗？

人们已经习惯了正常的思维方式，即使没有什么成效仍很难改变，这时候，逆向思维能给人以新的思路，逆向而往，走一着险棋往往可以带来与众不同的胜局。

一家俱乐部招聘两名工作人员，进入最后角逐的四男一女五名应聘者分别被领进五个单间，单间里各自放着已牢牢缩结在一起的两根尼龙绳。主考人宣布，谁先将两根绳子解开，就可进入面试，但超过30分钟仍不能解开绳结者将取消面试资格。

过了15分钟，走出两名男性应聘者，过了30分钟，仍有两名男性应聘者在继续解着牢牢地死结。而那个5分钟不到就走出的女人早已坐在老板的办公室里，老板已拿出用工合同，准备时间一到就和她签约。那名女子之所以第一个走出，是因为她临时借了一只打火机将那个非常牢固的绳结果断地烧化的缘故。

其实这个女人的逆向思维前人早已用过，只不过有人不太留意，有的人从中受益而已。早在公元前333年，马其顿将军亚历山大就经历过这样一件事，他率军进入一个亚洲城市扎营避寒时，听说城里有一个著名的神谕：谁能解开城中那复杂的“哥顿神结”，谁就会成为亚细亚王。亚历山大满怀信心前去解结，虽几次尝试都未能如愿。面对神结，他不愿就此善罢甘休，苦苦思索着破“结”的办法，正当一筹莫展之际，他突发奇想：我何不自己创造一个解结的方法呢？于是他拔出利剑，挥剑将“哥顿神结”砍为两半，神结被彻底“解”开。

逆向思考的另一种说法，就是换个角度面对问题，职场上很多事实都足以表明，逆向思维在工作中的运用十分广泛……

秘书把名片交给董事长，一如预期，董事长厌烦地把名片丢回去。很无奈地，秘书把名片退回给立在门外尴尬的业务员，业务员再把名片递给秘书：“没关系，我下次再来拜访，所以还是请董事长留下名片。”

拗不过业务员的坚持，秘书硬着头皮，再进办公室，董事长火气更大了，将名片一撕两半，丢回给秘书。秘书不知所措地愣

在当场，董事长更气，从口袋拿出10块钱："10块钱买他一张名片，够了吧！"岂知当秘书递还给业务员名片与钱后，业务员很开心地高声说："请你跟董事长说，10块钱可以买两张我的名片，我还欠他一张。"随即再掏出一张名片交给秘书。突然，办公室里传来一阵大笑，董事长走了出来："这样的业务员不跟他谈生意，我还找谁谈？"

这是业务员每天都会碰到的场面，如果光是靠修养或到魔鬼营训练，还是有泄气的时候，超级业务员也有倒地不起的一天。而这位业务员之所以打不倒，就是凭借一个本事——逆向思考。

人的胸襟有多大，成就就有多大，争一时不如争千秋。运用逆风思维，也许就能找到出路。

8

曲线有时离成功最近

两点之间，直线最短，这已经被证明是伟大的公理。没有人喜欢走曲线，都希望能花最少的时间走最少的路到达目的地。但是，几何题和现实生活毕竟不是一码事。当然没有人喜欢走弯路，所有的人都在寻找两点之间的那条直路。可现实是，太多时候，是没有捷径可走的。没有捷径时，非走曲线不可。

德国有个叫亨利·谢里曼的人，幼年时深深迷恋《荷马史诗》，并且下定决心一定要投身考古事业。可是他很清楚，进行考古发掘和研究是需要很多钱的，而他家境十分贫寒。在现实与理想之间，没有直线可走，于是他决定走曲线。

从12岁起，亨利·谢里曼就辛苦挣钱谋生，先后做过学徒、售货员、见习水手、银行信差，后来在俄罗斯开了一家私人的商务办事处。但他从未忘记过自己的理想，而且还利用业余时间学会了多门外语，这些都为他日后从事考古工作打下了坚实的基础。

多年以后，谢里曼终于在经营俄国的石油业过程中积攒了一大笔钱。就在人们以为他会大大享受一番时，他却放弃了优裕的生活，投入到了考古事业中。1870 年，他开始在特洛伊挖掘。不出几年，他就发掘出了 9 座城市，并最终挖到了两座爱琴海古城——迈锡尼和梯林斯。此时，人们才明白，为什么痴迷考古的谢里曼要花费那么多时间去赚钱。

由此可见，一味地想走直线，并不一定就是最佳。比如在人际交往中，直话直说可能会伤人，而委婉表达才是上策。再比如要过一条河，虽然直线最短，但眼前既没船也没桥，那么从上游或下游有桥的地方绕过去才是明智之举。愚公和精卫很能干，在前进的直线路上，遇山移山，遇海填海，然而付出的代价未免太大。

直，就是顺利。而在人生道路上，太过顺利未必是好事，顺利的背后往往隐藏着暗礁、陷阱。有人说过，在人生的路上，有一条路每个人非走不可，那就是年轻时候的弯路。我们有时需要等待，有时需要合作，有时需要技巧。碰到困难和障碍，并不一定要硬挺、横冲，可以选择绕开困难、避过障碍。鸡蛋真的不要选择去硬碰石头，因为那样的后果只能是头破血流。

学会走弯路，这是一种大智慧。直路走不通时，我们应该设法在那些小路、弯路、暗路、坎坷路上走出成功、走出精彩、走出一鸣惊人。

这是一个美国小伙子的故事：

他从小的梦想是当一名出色的教师。可他从师范学院毕业后，却改变了初衷，前往丹佛市国际函授学校应聘，当上了一名函授课推销员。他为此付出了很大的努力，但业绩并不理想。

第二年，在一名老资格推销员的指点下，他来到奥马哈为阿摩尔公司推销火腿、肥皂和猪油，并被指派到南达可达州西部一个恶劣的地域开展工作。凭着从小对家畜的熟悉，很快，他就打开了那里的市场，业绩由区域第 25 名，跃升至第一。

当公司决定提升他为区域经理时，他却不顾父母的极力反对，作出了一个令人瞠目结舌的决定：用积攒下来的钱，去尝试做一名演员。没做多久，他意识到自己在戏剧行当没有前途，又决定尝试一种更有意义的生活，以实现他儿时的梦想。接下来，他白天写书，晚间去夜校教书，以赚取生活费用。在教书期间，他发现：培养一个人的人际关系、处世技巧，对成年人来说是一门十分重要的人生必修课。于是，他说服纽约一家基督教青年会的会长和他一起开办公开演讲课。独特的互动式教学方法，使他一炮走红。

不久，他成为一名享有盛誉的讲师。

与此同时，为提高自身素养，他报名到哥伦比亚大学选修新闻学，又到纽约大学选修短篇小说课程。他的写作水平因此得到了显著提高，不久，他的文章开始在一些报刊上发表。28 岁那年，他与普林斯顿大学讲师罗维尔·汤玛斯一起策划了关于二战时的战争故事与轶事的演讲，巨大的获得了成功，使他名声大震。

34 岁时，他正式成立了自己的培训机构。在其后的二十年里，他的培训机构如雨后春笋般出现，最后发展成为全国性的机构。他的《人性的弱点》、《人性的优点》等主要著作，畅销全美，并跨越国界，成为全世界成人教育的经典教材。

他就是美国著名成人教育家，开创融演讲术、推销术、做人处世术、智力开发术等为一体的独特教育模式的戴尔·卡耐基。

卡耐基的成功看似偶然，其实有必然性。他的推销经历、演员经历、讲师经历、巡演经历、写作经历，等等，看似与成功不相关，却连成了一条弯弯的曲线，它的终点便是梦想成真。

人生中，通向成功的道路从来都不会是直线，许多时候，曲线才是抵达成功的捷径。

当你有了长远的人生规划后，要做的第一件事就是告诫自己不要急躁。要知道，人生旅途中是没有那么多捷径的，人生就像是爬山，我们沿着曲折的山路，拐许多弯，兜多少圈，有时觉得好似都背离了目标——那最高的山峰，其实，你是离目标越来越近了。懂得兜圈子、绕道而行的你，往往是第一个登上山峰的人;那些不懂而硬爬的人,往往会反复掉落,摔得头破血流。

平面上,两点之间,直线最短;而现实生活中,更多的时候,却是“曲线”最短。职场人在做事时很多时候又何尝不是这样呢?绕几个弯,走一条意料之外的曲线,往往能提前到达目的,更容易接近成功。

第七章

静下心来，超越自己不平庸

很多人不敢去追求成功，不是追求不到这个成功，而是因为在他的心里面，已经默认了一个高度。这个高度常常会暗示自己的潜意识：成功是不可能的，这是没有办法做到的。这个心理高度，正是限制人们无法取得更大成就的根本原因。而超越自己，就是要超越这个自设的高度。世上所有的成功，都始于对远大目标的追逐，强烈的成功动机是走向成功最强劲的发动机。人在职场，应追求卓越，追求成功；应唾弃平庸，唾弃自甘平庸！

1

努力提高，超越自己

超越自己、超越别人是我们的人生追求，但要想超越别人，首先我们必须超越我们自己。超越自己，往往最大的敌人是我们自己，只有认识自己，充实自己，挑战自己，发现潜力，不断提高，不断超越自己就是希望，就是成功，就是胜利，也就是做好了我们自己，这样我们的人生就会走向成功。

只有不断超越，才有不断进步。超越自己是一个不断学习和努力的过程，学习各种知识与经验，提高学习的能力。学习如逆水行舟，不进则退，是一个艰苦的过程，也是一个快乐的过程。

卡耐基说："只要你向前走，不必怕什么，你就能发现自己，成功一定是你的！要战胜自己，建立自信，首先必须超越自卑，自卑作为一种消极的心理状态，离自信仅有一步之遥，如果我们超越了它，变之为发奋的动力，我们就会走向成功和卓越。"

一天，几个白人小孩正在公园里玩，这时，一位卖氢气球的老人推着货车进了公园。白人小孩一窝蜂地跑了过去，每人买了一个，兴高采烈地追逐着放飞在天空中的色彩艳丽的氢气球。

在公园的一个角落里躺着一个黑人小孩，他羡慕地看着白人小孩，觉得他们手中的气球真是了不起，可以在空中飞，但他却不敢过去和他们一起玩。白人小孩的身影消失后，他才怯生生地走到老人的货车旁，用略带恳求的语气问道："您可以卖一个气球给我吗？"老人用慈祥的目光打量了一下他，温和地说：

“当然可以。你要一个什么颜色的？”

小孩鼓起勇气回答说：“我要一个黑色的。”脸上写满沧桑的老人惊诧地看了看小孩，旋即给了他一个黑色的氢气球。小孩开心地拿过气球，小手一松，黑气球在微风中冉冉升起，在蓝天白云的映衬下形成了一道别致的风景。

老人一边眯着眼睛看着气球上升，一边用手轻轻地拍了拍小孩的后脑勺，说：“记住，气球能不能升起，不是因为客观存在的颜色、形状，而是因为气球内充满了氢气。一个人的成败不是由种族、出身决定的，关键是你的心中有没有向上升腾的活力。”

这个黑人小孩便是美国著名心理医生基恩。

老人所说的“向上升腾的活力”，指的就是不断超越自己的力量。在职场，一个优秀员工会经常鼓励自己，告诫自己：“超越自己，你一定会取得成功！”正如卡耐基先生所言，一个人的成功，只有15%归结于他的专业知识，85%归结于他表达思想，领导他人及唤起他人热情的能力。不管你是在职场，还是在商场，记住要经常鼓励自己。在超越别人之前得先超越自己。脚踏实地，成功就在远方。

怎样才能超越自己，最关键的就是要努力提高自己。

有一位部门经理，在公司面临结构调整的压力，可能精简他所在的部门时，他潜心撰写了一份新项目企划书，为老板出谋划策，为公司业务打开了局面，最后不但保住了全部门人的饭碗，自己也深受老板器重。

生活不是有多少付出就会有多少收获的，但要有收获却一定要有付出。许多人被成功拒之门外，并不是成功遥不可及，而是他们不能努力提高自己，超越自己。我们应该学会主动学习，以弥补自己的不足，要在精神上超越自己，只要每天限定超越自己一点点，成功便自会出现在你眼前。

在这个经济全球化和科技日新月异的时代，人才的竞争力日益激烈，若跟不上时代的发展就随时可能被淘汰。作为员工，我们肩负企业的重任，想在公司中更好地体现出自己的价值，就必须努力学习，勤奋工作，勇于实践，一步步突击，不断超越自己的能力，提高自身的综合素质，把自己打造成高素质的优秀员工。

努力提高自己,离不开勤奋。古往今来,成千上万的成功事例都告诉我们:要一步一个脚印,要一点一滴地积累,要勤奋。勤能补拙,这些都向我们提出了勤奋的重要性。中国人常说"干活"二字,干活,干活,只有干才能活。作为一名普通员工,就应该脚踏实地,任劳任怨,勤勤恳恳地为公司做事。你的能力,你的才干最终会在勤奋中体现出来,你的能力也会在勤奋中提升,最终受到领导和同事赏识。

我们应该向《士兵突击》中的许三多学习,他自知很笨,技术比别人差,但他在行动中处处践行勤能补拙的理念,最终笨鸟先飞。虽然许多员工都是在平凡的岗位上工作,但只要比别人多做一点,处处比别人努力,勤奋地工作,即使是在最平凡的岗位,也能成为最优秀的员工。当然,勤奋并不是不停地干,而是用心来工作,用眼睛来观察,用大脑来思考,去解决工作中的问题,不断总结经验,不断超越自己。

当今社会充满机遇,充满挑战,要想抓住机遇脱颖而出,就必须要求自己付出比其他人更多的努力和勤奋。因此,不管我的职业是什么,都应该做好自己的本职工作,在职的每一天,都应该在自己岗位上勤勤恳恳工作,不断突破,不断提高自身综合素质。

2 要做就做最强的自己

一棵小草也许永远不能成为参天大树,但它可以做最绿、最坚强的小草;一滴水也许永远不能像长江、黄河一样奔腾,但它可以成为所有水中最纯的那一滴;一颗星星也许永远不能成为太阳、月亮,但它可以做星星中最亮的一颗。

问题不在于你做什么,而在于你要成为最好最强的自己!

大千世界，芸芸众生，面对自己和别人，我们总有许多失意和感慨：他当了科学家，他成了文学家，他得了奥运会金牌，那么我呢？我干出什么事业来？辉煌的道路该怎么走？机会又在哪儿呢？

谁也不能告诉每个人他人生的答案，但你可以郑重地对你自己说："请尝试让自己成为榜样，尝试做最好最强的自己。"

比如你是学生，就要成为发展全面的学生；你是工人，就要成为技术最高的工人；你是战士，就要成为战斗力最强的战士；你是老师，就要成为最有教学艺术的老师。

这就是说，虽然你不能成为名家，不能名垂青史，但你可以做千千万万普通人里最好的一个！

也许，你努力了还不是最强的，也许别人比你更出色，但只要努力过，并不断地努力，谁说你以后不会成为最强的呢？

何况，如果你不是最美丽的，但你可以是最可爱的；你不是最聪明的，但你还可以是最勤奋的；你不是最健壮的，但你还可以是最乐观的……

要做就做最强的自己，如果能让自己朝这个方向努力去做，那么你的生命，已是最完美的了。你走过的路，留下的也一定是最辉煌的足迹。多年后蓦然回首，你的心中将会充满欣喜。

在美国，有一个年轻人取得了博士学位，却总是因工作岗位与自己的学历不相符，每天都奔波在求职的路上。最后，为了生计，他以大专的学历在一家制造燃油机的企业担任质检员，薪水比普通工人还低。工作半个月后，他发现该公司生产成本高、产品质量差，于是他便不遗余力地说服公司老板推行改革以占领市场。

身边的同事对他说："你的薪水这么低，为什么还要这么卖劲？"

他笑道："我这样做是因为我在为自己工作，让自己成为最强的自己，我很快乐。"

几个月后，这个年轻人晋升为副经理，薪水翻了几倍。尤为重要的是，这几个月的改革让企业增加了几千万美元的收入。

所以说，好员工的价值不是老板或别人施舍的，而是由市场需求和自己的能力决定的。如果一个员工缺乏业绩的支持，不懂得让自己做最强的自己，那么，他随时都面临被市场淘汰的危险。作为一名员工，你不仅要努力工作，为公司创造一流的业绩，同时也让自己变得重要，成为企业需要的人，成为领导离不开的人。如此一来，你的薪酬增长自然是理所当然的事了。

做最强的自己，顺境如此，逆境更要如此。

安东尼·布尔盖斯40岁的时候，得知自己患了脑癌，而且最多能活一年。他知道自己必须和命运搏斗。当时，由于破产，他没有任何东西可以留给自己的妻子琳娜，而她马上就要成为一个寡妇了。

布尔盖斯并不是一个职业小说家，但他知道自己具有写作的潜质。为了给琳娜留点钱，他开始尝试写小说。他不知道自己写的东西能否出版，然而他别无选择。他说："那是1960年的1月，医生预言我只能活过当年夏天了。我的生命将随着秋叶的飘落而凋零。"

那段时间，布尔盖斯拼命写作。在新年的钟声敲响之前，他完成了五部小说——这个数字接近英国小说家福斯特毕生的创作量，两倍于美国小说家塞林格的创作量。然而，布尔盖斯并没有死。他的病情得到了缓解，癌细胞逐渐消失。当然，妻子也没有成为寡妇，他们仍然快乐地生活在一起。

从此之后，小说创作成为布尔盖斯毕生的职业（其代表作为《发条橙》）。他一生写了70多部书，算得上是一个极为高产的作家。然而如果没有那个可怕的死亡预言，让他觉得必须做最好的自己，即使来日不多也要让自己成为榜样，他也许根本就不会从事写作。

布尔盖斯告诉我们，努力可以让平庸变成卓越，可以让平凡变成非凡，做最强的自己吧！

3

在平凡的工作中突破平庸

在生活中，工作几乎占了我们一天1/3的时间，是我们人生的重要组成部分。但每个人对工作的定义都不同，有的人认为工作是为了衣食住行，是生活的代价，是不可避免的劳碌，这种人活得很平庸；而有的人则认为工作是理想的奋斗、是自己一生的事业，他们虽平凡却并不平庸。因此，为了不流于平庸，我们要努力改变我们的工作态度，积极面对每一份平凡的工作、每一个平凡的岗位，才能在最后收获不平凡的结果。

一个人可以平凡，但不能平庸。埋下头去做一个平凡的人，努力从平凡的小事做起。只有牢牢地把握住了今天，才能迎来明天的成就。如果没有头脑和判断力，没有计划和目标，逃避我们应该负起的责任，那么我们终将沦入平庸。

平凡和平庸虽一字之差，但却有着本质的区别。平凡是在生活和工作中把自己的能力发挥了出来，实现了自我价值，人尽其能；平庸是有能力没发挥，才华尽掩，就像河蚌里拒绝成为珍珠的沙子，自甘埋没。

从平凡到平庸，是一件很容易的事，只要心中懈怠，就滑向了平庸的边缘。毋庸置疑，每个公司都会有很多平凡的工作岗位，也会有很多平凡的员工，因为人的能力是有差别的，那些平凡的员工在自己的工作岗位上人尽其才，发挥了自己的才能，所以他的人生价值是得到了体现的。但也有很多的人甘愿做一个平庸的人，以为那样自己的压力很小，过得会很轻松自在。企业需要是前一种人，但绝不需要后一种人。

其实，改变只需一点点。做平凡的事并不意味着你将一生平凡，只要在工作中多留心，多用心，就会发现有很多学习提高的机会，你就在为自己走向不平凡积累知识和经验。相同的是，那些甘愿平庸的人，只要想想自己的未来，谁愿意被别人瞧不起，一身的才华被埋没呢？只要多拿出一点点的敬业精神出来，工作就会很快变得不一样了。

很多人都有一个误区：认为“平凡”不好，觉得平凡的人就是碌碌无为的人，每天做着别人不愿意做的事。但事实并非如此，其实那些看似平凡的事情一样可以提供很多的机会。我们大部分人都是平凡人，可能每天做的都是一些平淡的“小事”，可是就是在这些小事当中却藏着巨大的机会。

在职场中，你个人能力的施展为企业创造了价值，你所处的职位，是你价值的实现点，也是能为企业作贡献的地方。

而与此相反，真正的平庸，不是指你没有能力，而是说你舍弃了发挥能力的机会，放弃了自我发展及融入社会的机会。平庸的人，就像水面上漂浮的水沫子，是被水流激打出来的。平庸的人，是到处挖坑，每个坑都挖得不深的人。在职场中，大多数的行业他都去做过，每一处都留下了他的痕迹，深深浅浅的坑他挖了一大堆，但是没有哪一个是出水的，没有哪一个行业是他长久驻留的。浅尝辄止的结果是没有一技傍身，最终在优胜劣汰的环境中被淘汰出局。

没有谁真正愿意做一个平庸的人，做一个平庸的员工。若想改变，也只需要一点点，那就是突破平庸，把一个有作为的你展现在工作和生活中。

每个人的生命里面都有一种富有生机的火花。在你智慧闪耀的时候，在你专注于某种创造性活动的时候，在你恋爱的时候，你都能体验到这种火花的存在。这种火花就是你内心的光辉，当它通过你的个性、生活方式、价值观以及言辞自然流露时，你生活中的平庸就被突破了。

从前有一条又窄有深的巷子，由于没有路灯，一到夜里便漆黑一片，经过巷子的行人往往会相撞到一起，很是狼狈。一个住在附近的瞎子，常常在这种时候提着一个灯笼走过巷子。认识的人感到很奇怪就问他：“你一个瞎子，难道打着灯笼你就能看到路吗？”瞎子说：“我是看不到，但路过的人能看到我，这样就不会撞到了我的身上！”

瞎子的智慧真是令人惊叹。那灯笼就像他身上的火花，照亮别人的同时也照亮了他自己。其实，每一个平凡的人每一段平凡的生活中都会有闪亮的火花，以不同的方式闪烁着，这对每个人其实是很重要的，它使得你的生活变得更有意义，但它不会自发闪亮，需要你去发现去激发，而平庸正是笼罩在这簇火花周围的浓云。

可能每个人都会有这样的经历，当你在办公室里的时候，隔壁桌上的电话响了，但是却没有人接，你是否有过“那又不是我的事、关我什么事”之类的想法，公司有可能会因为这个电话没有被及时接听而受损失，这是我们经常遇到的事情。这一切，给企业带来的损失会使企业的长期发展受到十分严重的影响。

事实上，要想突破平庸，只在于平庸的员工需要为自己的工作多那么一点点热情和勇敢。现实工作和生活中，人们对待工作和生活往往有两种态度：一种是充满热情，积极参与，大胆尝试，勇于创新；一种是徘徊观望，消极等待，不敢尝试。结果，前一种人在积极参与、大胆尝试的过程中，抓住了各种机会，最后获得了成功。尽管在尝试过程中，他们也会经受挫折和失败，但最终获得成功的概率肯定要远远高过后一种人。因为挫折和失败往往为成功提供了经验和教训。而后一种人，在消极等待和徘徊观望中，往往失去了很多机会，最终流于平庸。

一个人做着平凡的工作并不是没有出息，在平凡的岗位上平平庸庸地做事那才是没出息。我们不能拒绝平凡，但是我们却要拒绝平庸。一个人可以平凡地过一辈子，但是不可以平庸地过一辈子。平凡的人不一定能成就一番大事业，但平庸的人却一定不能成就一番大事业。

一项调查显示：43%的经理认为工作态度不好最容易被解雇。现代职场风云变化，跳槽、兼职等词成为了职场上最常见的几个词，另外一个词虽然大家并不常说，但它正是体现职场残酷性的一面，那就是被炒鱿鱼。任何一个在职场摸爬滚打的人都想炒老板的鱿鱼，而不是让老板炒了自己的鱿鱼。但是现实中，总有5%—10%的人会遭到解职，伤心地离开公司。那么，是什么让你失去了这个工作机会？是什么让你的公司对你做出这种无情的决定？

是平庸！是因为你太平庸！

所以，无论是从公司还是从员工来看，懒惰、拖延等消极的工作态度都是不可取的，它们不仅会使工作平庸，有损于公司的利益，而且还会使员工遭到解雇。这个世界为那些真正具有责任感和自信心的人大开绿灯，无论出现什么困难，无论前途看起来是多么的暗淡，他们总是相信能够把心目中的理想图景变成现实。

这就是说,如果你不能使自己的全部身心都投入到工作中去,不能突破平庸,那么你无论做什么工作,都可能沦为平庸之辈。

4

跳出“自我设限”的门槛

什么叫“自我设限”? 自我设限,就是在做任何事之前,在要释放自己的能量之前,自己先给自己一声棒喝:“我做不了!” 而令自己退缩。如此循环往复,成功概率越来越小。

自我设限的人,对未来事情的把握过度依赖自己从前所积累的“经验”,所以自我设限如同形影不离的杀手一样,扼杀着自己的潜力与能量。同时,自我设限像给自己上了一把枷锁,好像一个活在井里的人,四周都是阻挡自己的墙壁。

当奋发向上的欲望屡次被“自我设限”所压制扼杀,人就会对失败惶恐不安,丧失信心和勇气,渐渐变得懦弱、犹豫、害怕承担责任、不思进取,不敢拼搏。

有科学家曾做过这样一个实验:把一只跳蚤放桌子上,然后一拍桌子,跳蚤条件反射跳得很高,然后科学家在桌子上放一块玻璃罩后,再拍桌子,它再跳撞到了玻璃。跳蚤发现有障碍,就开始调整自己的高度。科学家把玻璃罩往下压,然后再拍桌子;跳蚤再跳上去,再撞上去,再调整高度。就这样,科学家不断地调整玻璃罩高度,跳蚤就不断地撞上去,不断地调整高度。直到玻璃罩与桌子高度几乎相平。这时,把玻璃罩拿开,再拍桌子,这时跳蚤已经不会跳了,变成了“爬蚤”。

跳蚤之所以变成了“爬蚤”，并不是它丧失了跳跃能力，而是一次一次的受挫让它为自己设了一个限，认为自己永远也跳不出去，而后来尽管玻璃罩已经不存在了，但“罩”在它的潜意识里变得根深蒂固。行动的欲望和潜能被固定的心态扼杀，认为自己永远丧失了跳跃能力。这就是跳蚤的“自我设限”，那么我们职场中人呢？是不是也有人故步自封，不愿提高不愿突破，喜欢“自我设限”呢？

过去并不代表未来，不论曾经失败过多少次，受过多少挫折，都要对未来充满希望。在面对新的生活、新的考验时，只要你调整心态，明确自己的方向，乐观积极地去行动，就能突破心中的限制，更好地成长。

小荣是一家保险公司的新职员，他始终忘不了工作第一天打的第一个电话。当他热情地拨通电话联络到自己的第一个客户时，没想到刚说明自己的工作身份，对方就非常生硬地打断了他的话，不但拒绝了他的推销，更是将他骂了一顿，声称自己身体很好，不需要什么保险。从那以后，再打电话推销时，小荣心中便有了阴影，说话没有任何立场，讲解吞吞吐吐，自然没有人愿意向他买保险。这片阴影越来越大，他甚至不愿意再去摸电话。工作近一年时间，他一份保单都没有签成。他开始想，自己或许并不适合这份工作，自己的口才不好，没有打动别人的能力，他灰心极了。

经理鼓励他要自己给自己机会，没有谁生来就注定成功的，也没有人会一直失败。听了经理的话，小荣深受激励，他鼓足勇气，决定搏一搏。他找出一个曾经联系过却被拒绝的客户资料，仔细研究他的需要，选择了一份适合他的险种。就这样，他终于打破了自我设限，尝到了成功的滋味。

其实，只要你摒弃固有的想法，尝试着重新开始，你便会对自己以前的忧虑和消极的态度报之一笑。这个典型的例子告诉我们，一旦自我设限，我们将陷入一个个恶性循环当中。职场中，很多人在一次次的受挫、碰壁后，奋发的热情、欲望就被“自我设限”压制、扼杀。不敢去追求成功，不是追求不到成功，而是因为他们的心里面已经默认了自己设置的某一个“高度”，常常暗示自己：成功是不可能的，这是没有办法做到的。“心理高度”是让人无法取得伟大成就的根本原因之一。

要挣脱自我设限,关键在自己。西方有句谚语说得好:“上帝只拯救能够自救的人。”成功属于愿意成功的人。如果你不想突破,挣脱固有想法对你的限制,那么,没有任何人可以帮助你。不论你过去怎样,只要你调整心态,明确目标,乐观积极地去行动,就能扭转劣势,更好地成长。

“自我设限”是通往成功的一道道门槛！只要你跨越了,突破了,你便可以超越困难,突破阻挠,完成自己的愿望！

在1888年的大选中,美国银行家莫尔当选副总统,在他执政期间,声誉卓著。当时,《纽约时报》有一位记者偶然得知这位总统曾经是一名小布匹商人,感到十分奇怪:从一个小布匹商人到副总统,为什么会发展得这么快？带着这些疑问,他访问了莫尔。

莫尔说:“我做布匹生意时也很成功。可是,有一天我读了一本书,书中有句话深深打动了我。这句话是这样写的:‘我们在人生的道路上,如果敢于向高难度的工作挑战,便能够突破自己的人生局面。’这句话使我怦然心动,让我不由自主地想起前不久有位朋友邀请我共同接手一家濒临破产的银行的事情。因为金融业秩序混乱,自己又是一个外行人,再加上家人的极力反对,我当时便断然拒绝了朋友的邀请。但是,在读到这一句话后,我的心里有种燃烧的感觉,犹豫了一下,便决定给朋友打一个电话,就这样,我进入了金融业。经过一番学习和了解,我和朋友在一起从艰难中开始,渐渐干得有声有色,渡过了经济萧条时期,让银行走上了坦途,并不断壮大。之后,我又向政坛挑战,成为一名副总统,到达了人生辉煌的顶端。”

莫尔之所以成功,就是跳出了“自我设限”的门槛。生命是自己的,要想活得积极而有意义,就要勇敢地挑起生命中的重大责任。向高难度的工作挑战,这是对自己生命的提升,也是让人生价值最大化的一个快捷途径。

5

开发自己的潜能

人的潜力有多大？恐怕没有人能说出确切的数字，就是极尽想象也不能准确描述。世界上最奇妙的事情，不是宇宙飞船升空，也不是人类在太空中行走，而是人类自己的大脑。没有人能测算出大脑能存储多少信息，没有人能计算出大脑一秒钟可以处理多少信息。没有人能准确预计人类下一刻会创造什么奇迹。但有一点，却是不争的事实：人的潜力无限！

据现代脑生理学的研究证实，人的大脑具有巨大的潜能。大脑储存知识的能力使我们目瞪口呆，一般人只使用了其思维能力中的很小一部分。如果我们能使自己的大脑达到一半的工作能力，我们就可以轻而易举地学会数十所大学的课程。

我国曾经开展的旨在开发大脑潜能的教改实验，取得过显著成果，如北京幸福村小学的马芯兰老师用 3 年时间完成小学 5 年的教学内容，学生成绩普遍优秀，且负担不重；北京二十二中孙维刚老师，只用一个学期就使其所教的学生学完了初中数学六册书的全部内容……

这一切足以证明，人的潜力是巨大的，但这一潜力需要积极开发，才能使潜力变成实际的能力。

当今的职场，逐渐进入了一个崇尚卓越的时代，只有活出自己的精彩，才能为你赢得更多的机会，如果你总是默默无闻，没有属于自己的东西，就会走进被人们遗忘的角落。所以，越来越多的人都渐渐懂得：与其羡慕别人，不如开发自己的潜能，打开一片新天地。

很多时候，我们应该具有向高难度挑战的勇气，因为勇气决定一个人的命运，不敢向高难度的工作挑战，无疑是对自己的潜能画地为牢，只能使自己原本无限的潜能化为有限的成就，同时也会导致自己的天赋在不断的退缩中逐渐减弱。

人们应该还记得，当格林走上百米起点时，人们期待着神话中的记录再被打破；当39岁的乔丹宣布复出时，人们带着担心期待着乔丹再次一飞冲天；当蜘蛛人在大风中徒手攀爬金茂大厦光滑如镜的外立面，仰头静观的人们心跳加速；当蹦极的人们从空中跃下再弹起，晕眩和刺激感油然而生。体育运动不断冲刺极限，“更高、更快、更强”体现了人类挑战极限，不断突破的精神。体育健儿知道开发潜能力创佳绩，职场中人不也同样可以做到吗？

在职场中，一个人要实现自己的职业生涯目标，干出一番惊天动地的事业，须在树立自信，明确目标的基础上，进一步调整心态，开发潜能，这一点也极为重要。

20世纪的科学巨匠爱因斯坦，在他死后科学家对他的大脑进行了研究。结果表明，他的大脑无论是体积、重量、构造或细胞组织，与同龄的其他人一样，没有区别。这说明，爱因斯坦事业的成功，并不在于他的大脑与众不同，而是在于他开发了自己的潜能。

有专家称，人不仅具有巨大的心脑潜能，还有巨大的潜在体能。下面这个真实的事件就是最好的例证。

> 在一家农场，有一辆轻型卡车，农夫的儿子，年仅14岁，对开车极感兴趣，有机会就到车上学一会驾驶技术，没过多久，他就初步掌握了驾车的技能。有一天儿子将车开出了农场大院。突然间，农夫看到车子翻到水沟里去了，大为惊慌，急忙跑到出事地点。他看到沟里有水，而他儿子被压在车子下面，躺在那里，只有头的一部分露出水面。这位农夫并不高大，也不是很强壮，但他毫不犹豫地跳进水沟，双手伸到车下，把车子抬高，让另一位来援助的农夫把儿子从车下救了出来。事后，农夫觉得奇怪，怎么一个人就把汽车抬起来了呢？出于好奇，他就再试了一次，结果根本就抬不动那辆车子。

农夫在万分危险情况下，爆发出一种超常的力量。这种力量从何而来呢？医务人员解释：身体机能对紧急状况产生反应时，肾上腺就大量分泌出激素，传到整个身体，产生出额外的能量。由此可见，人确实存在极大的潜在体能。另外，农夫在危急情况下产生一种超常的力量，并不仅是

肉体反应，它还涉及心智精神力量。当他看到自己的儿子压在车下时，他的心智反应是去救儿子，一心只想把压着儿子的卡车抬起来，正是这种心智力量，使他的潜能得到了发挥。

一位名叫史蒂文的美国人，他因一次意外事故而双腿无法行走，已经依靠轮椅生活了20年。他觉得自己的人生没有了意义，喝酒成了他忘记愁闷和打发时间的最好方式。有一天，他从酒馆出来，照常坐轮椅回家，却碰上3个劫匪要抢他的钱包。

他拼命呐喊、拼命反抗，被逼急了的劫匪竟然放火烧他的轮椅。轮椅很快燃烧起来，求生的欲望让史蒂文忘记了自己的双腿不能行走的事实，他立即从轮椅上站起来，一口气跑了一条街。

事后，史蒂文说："如果当时我不逃，就必然被烧伤，甚至被烧死。我忘了一切，一跃而起，拼命逃走。当我终于停下脚步后，才发现自己竟然会走了。"

现在，史蒂文已经找到了一份工作，他身体健康，与正常人一样行走，并到处旅游。

一双20年来无法动弹的腿，竟然在一发千钧的关头站了起来。这不禁让我们产生疑问：到底是什么因素使史蒂文产生这种的"超常力量"呢？显然，这并不仅仅是身体的本能反应，它还涉及人的内在精神在关键时刻所爆发出的巨大力量。著名作家柯林·威尔森曾用富有激情的笔调写道："在我们的潜意识中，在靠近日常生活意识的表层的地方，有一种'过剩能量储藏箱'，存放着准备使用的能量，就好像存放在银行里个人账户中的钱一样，在我们需要使用的时候，就可以派上用场。"

由此可见，我们每个人都有巨大的潜能。尤其是职场中人，不要以为你的工作已经做好了，其实你还可以做得更好；不要以为你已成为一名好员工就可以不努力了，其实你还可以成为一名卓越的员工；如果你是企业管理者，不要以为你的公司发展够快就可以高枕无忧了，其实你还可以让公司更迅猛发展、向强盛企业腾飞……

6

用业绩证明自己

想要高薪吗？想要获得赏识吗？想要晋升吗？拿业绩来证明你自己！能带来业绩的员工是公司最宝贵的财产。业绩是检验一切的标准。无论你曾经付出了多少心血，做了多大努力，也不管你学历有多高，工作年限有多长，人品如何高尚，只要你拿不出业绩，那么老板就会觉得他付给你薪水是在浪费金钱，你的结局也就不言自明。

现实就是如此，千万不要因此而责怪老板和公司的薄情寡义。一个员工，必须要把努力创造业绩当作神圣的天职，因为，业绩才是硬道理。

在我们平时的工作中，不乏这样的人：整天抱怨自己学历、技能有多高却未受到重用。不知他们可曾想过，你创造的工作业绩能体现自己的价值吗？你创造的工作业绩能让别人对你刮目相看吗？如果自己的工作业绩能得到企业领导和同事的认可，那自然就能得到重用和受人尊重。

小张、小李、小王是大学同班同学，毕业找工作的时候，恰巧进入同一家公司。但是他们的薪水却大不相同：小张的月薪是5000元、小李月薪3500元、小王月薪1500元。

有一天，他们的教师来看望他们，得知他们薪水的差距之后，老师就去问总经理："在学校，他们的成绩都差不多呀，为什么毕业一年就会有这么大的差距？"

总经理听完老师的话，笑着对老师说："在学校他们是学习书本知识，但在公司里，却是要行动，要结果。公司与学校的要求不同，员工表现也与学校的考试成绩不同，薪水自然不同呀！"

看着老师疑惑不解地皱着眉头，总经理对老师说："这样吧，我现在叫他们三人做相同的事情，你只要看他们的表现，就可以知道答案了。"

总经理把这三个人同时找来，然后对他们说：“现在请你们去调查一下停泊在港口边的船。船上毛皮的数量、价格和品质，你们都要详细地记录下来，并尽快给我答复。”

一小时后，他们三人都回来了。

小王先做了汇报：“那个港口有一个我的旧识，我给他打了电话，他愿意帮我们的忙，明天给我结果。我为了保证明天他给我结果，我准备今晚请他吃饭，请您放心，明天一定给您结果。”

接着，小李把船上的毛皮数量、品质等详细情况给了总经理。

轮到小张的时候，他首先重复报告了毛皮数量、品质等情况，并将船上最有价值的货品详细记录了下来。然后表明，他已向总经理助理了解到总经理的目的，是要在了解了货物的情况后与货主谈判。于是，他在回程中，又打电话向另外两家毛皮公司询问了相关货的品质、价格等。

此时，老师恍然大悟……

在职场，老板最关心的事情，莫过于公司各个部门的工作成果，以及公司的总体业绩。如果公司各个团队的气氛活泼，同事间人际关系融洽，但总体业绩平平，这并不能称为一个有发展前景的公司。如果你是一位稳健果断、效率很高的职场人士，能够使本部门甚至使全公司的工作业绩得到提高，那么老板一定会非常器重你，他会觉得你是个有用而且值得信赖的人。老板当然会更加对你有所关注。而那些业绩平平的员工的地位就岌岌可危了。

那么，怎样才能让自己的业绩步步升高呢？

热情创业绩。我们知道，一个对工作有热情的人是能取得好的业绩的。试想，如果我们不能把自己全身心的热情投入到工作中去，无论从事什么工作，最终会一事无成。当我们热情满怀和干劲十足时，任何事都将变得轻而易举。只要我们全力以赴，热情对待所从事的每一项工作，辛勤的付出必然会有回报，自己也将因出色表现获得巨大的成就。

自信创业绩。一个充满自信的员工不会畏惧任何困难的挑战，也是企业领导最赏识的员工。实践证明，具有坚强的意志和足够的自信往往使得平凡的人也能成就伟大的事业，成就那些虽然天分高、能力强却疑虑过多的人所不敢尝试的事业。有了自信,才能保证完成任务,才能创造更好的工作业绩。

尽责创业绩。无论从事何种职业,只要竭尽全力把工作做好,就一定会获得与责任对等的收获。一个人在平凡的岗位上对工作尽职尽责,他必定会拥有许多生存和发展的空间。如果自己明明有十分的力气,却只用一分,那是绝对不能取得好的工作业绩的。在日常工作中,只要能尽职尽责地工作,即使从事最平凡的工作也能取得不平凡的成绩来。

行动创业绩。众所周知,说起来容易做起来难。我们要取得更好的工作业绩就必须做到:无论从事什么事情,即使有难度,也要立即去做。如果我们立即付诸行动,就可能产生出乎意料的效果。拖延时间常常是少数员工逃避现实、自欺欺人的表现,在工作中经常拖延时间,导致工作业绩下滑的员工是没有好前程的。

融入团队创业绩。在专业化分工越来越细,竞争日益激烈的今天,仅靠一个人的力量无法面对千头万绪的工作。能够与同事友好协作,以企业利益为重,就能够把自己独特的优势在工作中淋漓尽致地表现出来,就能受到领导的器重。一个有不凡表现的人,除了能够与人合作以外,还需要别人与自己合作。总的来说,一个人是否具有团队合作精神,将直接关系到他的工作业绩,只有主动把自己融入到团队中去才能取得成功。

7 让自己变得不可替代

在职场,无论你目前从事哪一项工作,每天一定要使自己获得一个机会,使你能在平常的工作范围之外,提供一些对其他人有价值的服务。在你主动提供这些服务时,你应当了解,自己这样做的目的并不是为了获得

金钱上的报酬，而是为了超越自己不平庸。你必须先拥有这种精神，然后才能在你所选择的终身事业中，取得不平凡的成就。

你最好的就是以正确的心态提供最优良的服务。如果你被别人认为是一个积极、有重要贡献的人，你就会倍受欢迎。同事们会重视你，顾客会欣赏你，如果你能保持这些优点，你的老板也会肯定、奖励你。虽不能一夕成功，却也绝无永远失败的顾虑。

一位成功学家曾聘用一名年轻女孩当助手，替他拆阅、分类信件。有一天，这位成功学家口述了一句格言，要求她用打字机记录下来："请记住：你唯一的限制就是你自己脑海中所设立的那个限制。"她将打好的文件交给老板，并且有所感悟地说："你的格言令我深受启发，对我的人生大有价值。"

这件事并未引起成功学家的注意，但是，却在女孩心中打上了深深的烙印。从那天起她开始在晚饭后回到办公室继续工作，不计报酬地干一些并非自己分内的工作——譬如替老板给读者回信。她认真研究成功学家的语言风格，以至于这些信回得和自己老板一样好，有时甚至更好。她一直坚持这样做，并不在意老板是否注意到自己的努力。

终于有一天，成功学家的秘书因故辞职，在挑选合适人选时，老板自然而然地想到了这个女孩。在没有得到这个职位之前已经身在其位，正是女孩获得提升最重要的原因。当下班的铃声响起之后，她依然坚守在自己的岗位上，在没有任何报酬承诺的情况下，依然刻苦工作，最终使自己有资格接受更高的职位。

故事并没有结束，这位年轻女孩的能力如此优秀，引起了更多人的关注，其他公司纷纷提供更好的待遇邀请她加盟。为了挽留她，成功学家多次提高她的薪水，最后，她的薪水与她最初当一名普通速记员时相比已经高出了 4 倍。对此，做老板的也无可奈何，因为她不断提升自我价值，使自己变得不可替代。

事实确实如此，如果一个人在他所供职的公司中变得不可替代，就像蚁群的那些懒蚂蚁一样，那他的成功也就指日可待了。比如在公司你能勤动脑，以战略眼光去思考企业的发展，不断寻求企业新的增长点，不断开发新产品，开拓新市场，把握住企业目标，努力让企业“做对的事”，你一定会成为公司里的顶梁柱。

对于一个不可替代的员工来说，工作中得到的快乐，应该是他人生中最重要的快乐。对工作的态度，决定了一个人一生所能达到的高度。你是贫穷还是富有，很大程度上取决于你的工作态度。正确的态度就是要乐观、向上，面对任何逆境，都不要怨天尤人，让自己永远保持积极向上的工作态度。

熊兵是一家百货公司里的一名员工，他不甘心就这样工作下去，每天都在工作中不断学习，想办法充实自己，努力改变自己工作的境况。经过几个星期的仔细观察后，他注意到主管每次总要认真检查那些进口的商品账单。由于那些账单用的都是法文和德文，他便开始在每天上班的过程中仔细研究那些账单，并努力学习与这些商务有关的法文和德文。

有一天，他看到主管十分疲惫和厌倦，他就主动要求帮助主管检查。由于他干得实在是太出色了，以后的账单自然就由他接手了。过了两个月，他被叫到一间办公室里接受一个部门经理的面试。所在部门的经理的年纪比较大，他说：“我在这个行业里干了40年，根据我的观察，你是唯一一个每天都在要求自己不断进步、不断在工作中改变自己，以适应工作要求的人。从这个公司成立开始，我一直在从事外贸这项工作，也一直想物色一个像你这样的助手。因为这项工作所涉及的面太广，工作比较繁杂，需要的知识很庞杂，对工作的适应能力要求也特别高。我们选择了你，认为你是一个十分合适的人选，我们相信公司的选择没有错。”

尽管熊兵对这项业务一窍不通，但是，他凭着不断钻研、学习的精神，让自己的能力不断地提高。半年后，他已经完全胜任这项工作。一年后，他接替了那位经理的工作，成了这个部门的经理。

从这个案例中我们不难看出，如果你能把工作做得更卓越，你就提升了自己在老板心目中的地位。老板会邀请你参加公司决策会议，会调你到更高的职位，因为你已成为一位不可取代的重要人物。

要让自己成为不可替代的员工，除了要尽职尽责地工作以外，还要懂得适时展现自己的才能。一个人如果不懂得展示自己，那么就算他是千里马，最后也只能被埋没。我们经常看到有些人成日埋头苦干，但却得不到升迁。而有些人并没有加班加点地干，却会步步高升。其中或许会有能力的原因，但是也与个人是否会展示自己有关。

“是金子总会发光的”这句话没错。但这句话的目的是让我们在失意时学会等待，而不是让我们消极被动地等待。是的，为什么一定要等别人发现自己闪光点，而不是自己主动去向别人展示自己那炫人的光芒呢？有时，时间就是一笔财富。

当然，展示自己的前提是你有才能，且对所做的事很有信心，坚信自己能够成功。如果你本来就没有那方面的能力却偏偏要去展示自己，那只会让自己显得更加无知，更加无能。就像猫应该展示的是捉耗子的本领，狗展示的应该是看家的本领，如果两者调换，那岂不是要贻笑大方吗？

人在职场，也要讲求可持续发展，而职场可持续发展的最好方法，就是让自己变得不可替代。

8 刷新每一次的成功

随着计算机网络的广泛应用，“刷新”一词对大家来说已不陌生。浏览网页时，通过“刷新”可得到新的信息。如果职场中人在成长路上紧跟时代发展步伐，瞄准成才目标，不断“刷新”自己，“刷新”每一次成功，不也能不断获得新知识、增长新才干吗？

“苟日新，日日新，又日新。”意思是指一个人每天要使自己更新。工作中，许多人或许学习知识的能力并不差，但心理上的“自新”能力却很是欠缺，没有做到“苟日新、日日新、又日新”，所以很难与时俱进。因此，我们在现实生活中要不断地清除心理的垃圾，保持心理的完好状态和良好的社会适应状态，才能不断超越自己。

我们要有不断地更新自己知识的观念，甚至是态度。可以这样说，现在是更新时代，游戏在更新，知识在更新，科技在不断地换用“新的版本”，而我们自己，更需要更新。勇于更新的人就像东升的太阳，每天都是新的。

在知识更新快速的时代，一切都可能折旧，一切都可能老化，一切都可能重新开始，所以我们不能停留在老思维中，不能停留在原计划中，“刷新”便显得尤其关键。

据说，哈佛大学的毕业生离开校门时，其知识就已老化了一半。当今知识的倍增周期已短得惊人，不“刷新自己”恐怕就要落伍了。

不断“刷新”自己，不能满足于已取得的成绩，而应在成才路上不懈进取。

钟道隆将军是我军通信领域的一名技术专家，他在45岁那年，随团出国考察。在考察期间，他深感自己外语水平太差，于是下决心学习英语。他坚持每天听写20页，3年里听写的记录稿放了一柜子，听坏了录音机9台、收音机3台、单放机4台。功夫不负有心人，后来，他不仅达到了能听能说能翻译外文资料的水平，还编写出版了《英语学习逆向法》、《听遍全世界》等书，发明了复读机。他在52岁那年，面对现代信息技术的蓬勃发展，敏锐地体会到电脑在工作、生活中的重要性，又发愤学习电脑。通过学习，他不仅能熟练使用电脑，还写出了《巧用电脑写作与翻译》等书，发明了《钟氏输入法》。

德国著名作曲家舒曼说过，“勤勉而顽强地钻研，永远可以使你百尺竿头更进一步”。钟道隆将军走的就是这样一条路，他锐意进取，勇攀高峰，不断“刷新”自己每一次成功，长久保持了创造的生机和活力。

不断“刷新”自己的最佳方法是学习，学习是成才的最好投资。面对日新月异的信息社会和不断变革的新形势，必须不断学习新知识、新技术和新方法，及时进行知识更新和能力攀升。学习的敌人是自满。应该经常对自己的心灵进行“清仓”、“盘点”，看看自己学了多少知识，这些知识在实际工作中用起来行不行？在这个岗位用得可以，换个岗位还行不行？平时工作用可以，到了关键时刻行不行？常想想这些“行不行”，学习知识和提高本领的愿望就会更加迫切，就会更加自觉地不断“刷新”自己。

倘若仍满足于“知识不高有文凭，水平不高能应付”，坐吃山空，必将会沦落为“知识爆炸”时代的“土老帽”，以至于“江郎才尽”，贻笑大方。然而，在现实生活中，有不少的人习惯于在“保险箱”里过日子，仍旧抱着上世纪七八十年代甚至五六十年代的知识，并且把它视为放之四海而皆准的定律，不学习、不钻研，优哉游哉、舒舒服服地混日子。而在信息时代，科学技术的飞速发展，向我们提出了新的挑战，一方面，许多知识领域我们从未涉足，属于未开垦的处女地，就像许许多多未知的太空奥秘一样，亟待我们去开发去研究；另一方面，新知识、新学科层出不穷，如果只是停留在原有的知识层面上原地踏步，就会成为新的“文盲”。

刘翔是我们熟知的体育明星，取得了辉煌的成就，然而他那艰难的成长历程又有几人知晓？从沈真声到陈雁浩，从陈雁浩到阿兰·约翰逊，刘翔超越了一个又一个对手，刷新了一个又一个新的纪录。其实，他真正超越的不是别人，而是他自己。他通过不懈的努力和奋斗、不断地谱写新篇章。

我们每个人也许工作不一样、年龄不一样、环境不一样、条件不一样，我们也许不用和别人去比，但生活在竞争激烈的今天，最起码你也要去不断淘汰昨天的自己，不断刷新今天的自己。谁的知识和才能积淀丰厚，更新及时，不断与时俱进地“刷新”自己，谁就能在成才路上缩短准备期，延长创造期，推迟衰退期，取得更多的成绩，作出更大的贡献。

第八章

静下心来,用智慧点亮职场

曾有不少人幼稚地以为:职场中最重要的只是技术和实力,只要在工作上竭尽全力,就不可能不成功。其实,成功并没有这么简单,如果以时间来计算,除去人们吃饭睡觉的12小时以外,人们用于工作的时间已经占据了其余12小时的三分之二,也就是说,身处职场的人们快乐与否,直接影响着人们一天中大部分时间的心情。在这样的前提下,如果缺乏工作的艺术,不懂得用智慧去点亮职场,那么我们的上班生涯就会痛苦,甚至可怕。相反,假如能很好地运用智慧解决问题,建立和谐的人际关系,可以让自己在一天中的大多数时间内保持轻松愉快的心情。由此,职场智慧的重要性可想而知。

1 企业欢迎智慧型员工

一个员工的核心竞争力，就是他善于解决问题的能力。能苦干，更能巧干；会做事，更会做人，重视知识，更重视智慧，这就是最受企业欢迎的智慧型员工。

一个有办事能力的员工，必然是一个智慧型的员工。处处运用你的智慧，时时运用你的智慧，这样，你才能超越平庸，成为不可或缺的人才。

一个星期天，联想集团的一个普通员工和女友去逛电脑商城，偶然听到一位销售经理和顾客发生争执，他开始不以为然，但仔细一听，就觉得不能不关心了，因为起因是一台联想电脑。原来顾客买了电脑回去后，觉得有些地方不满意，于是找到销售商。但销售商觉得这不是自己的责任。双方谈不拢，于是就发生了争执。

照一般人的理解，这位普通的联想员工完全可以置身事外，因为这与他的本职工作无关。但是这位员工并不这样想，他觉得这件事与联想有关，自己作为联想的一分子，不能不管。

于是，他主动走过去，介绍说我是联想的员工，询问他们争执的原因。两人一听他是联想的员工，竟然将矛头对准他了，把他当成了联想的代表，将他狠狠地批评了一通。

他没有生气，而是始终面带微笑，耐心地向他们解释，并提出了解决方案。之后，这位员工给联想的有关部门打了很多个电话，不断地协调，前后花了整整几个小时，将此事圆满解决。

回到单位后，他没有向任何人讲起这件事情。但是，他所做的好事并没有被人忘记。这位顾客和经理都很感激，于是写了封感谢信，直接寄给了联想集团总经理杨元庆。

杨元庆看到这封信后十分感动，立即号召公司员工向他学习。那年，联想集团的最高奖——“联想奖”颁给了这名普通员工。有了这样的好基础，他以后在联想的发展自然就更加顺风顺水了。

作为一个企业，里面肯定会有各种各样的员工，他们来自五湖四海，能力、性格等方面也是千差万别，通常我们将员工分成三类：

一、机械型员工。有一做一，完全按领导的具体指示做事。可以说面对这样的员工，就像面对一个机器人，你要将工作步骤像写程序一样，布置给他，否则他什么也不能完成。

二、智能型员工。这类的员工可以将自己的专业知识、专业技能主动地应用于工作，以此弥补领导在专业方面的不足，同时还可以为领导提供某些专业方面的合理性建议，就像领导的智囊团。

三、智慧型员工。这样的员工能够系统化地思考问题，将各方面的知识和道理融会贯通起来，去用于工作。可以说这样的员工是用头脑工作的员工，而且也是每个企业在发展过程中最需要的员工。

因此，我们提倡做一个智慧型员工，因为只有这样的员工，才能在瞬息万变的职场中经受住市场的洗礼，成为公司发展的顶梁柱、老板的左膀右臂，同时自己有一个很好的发展前景。

在平常的工作岗位上，难免会遇到的问题。当你遇到问题时，能否主动用你的脑子去想办法解决，是一个员工是否有智慧的表现。好员工总是带着智慧去工作的，他会先分析工作的具体情况，然后看该怎么做，而且在工作中不管有多大的困难，他们总是想方设法进行解决。

邵松刚到公司不久，就接到一个“讨债”的艰巨任务。一家客户在一年前买了 300 万的设备，却一直没有将余款结清，到现在还差 30 多万。邵松心里有数：这债能不能讨回来，将决定他今后在公司的地位和发展！于是暗下决心：一定要将这笔钱要回来！

一番较量过后，邵松发现，对方公司的严总真的不好对付，无论他怎么软磨硬泡，人家就是不给钱。眼看三个月的试用期就快到了，可是钱还没有着落。两个多月来，唯一的收获是门口传达室的王师傅和他成了“熟人”。邵松在总结自己的工作后，决定从王师傅这里寻找突破。

于是，时不时地，邵松就提些酒菜，到王师傅那里喝两盅，在与王师傅的谈话中，得到了不少有价值的信息，比如，严总是个很爱面子的人，严总平时只有下半周在公司，等等。一来二去，将对方的情况摸得十分清楚。

一天，邵松又提着酒到传达室找王师傅。一见面，王师傅就笑着说：“你这次又要白跑了，严总开会去了……”邵松忙问怎么回事。原来，严总今天到工商局去参加一个表彰大会，大会的主题就是“重合同、守信用”。在会上，作为这方面的模范公司的代表，严经理要做发言，而且还有本市媒体做现场报道。

了解这些信息后，邵松突然意识到这是一个千载难逢的机会。立刻向王师傅借了纸笔，快速地写了几行字，就直奔工商局去了。

到会场的时候，严总的发言刚刚到最精彩的部分，市内几家著名媒体的摄像机、闪光灯都对向他，讲台上的严总神采飞扬。突然，严总看到了邵松，不禁有点发慌：怎么在这个时候见到他？严总从讲台上下来的时候，已经出了一身的汗。邵松悄悄移到他身边，轻轻说道：“严总，您的发言真是太精彩了，在本市的老总中您绝对是最守信用的一个。您看我们公司那笔余款是不是……”

严总立刻道：“你放心，回公司就办这件事。”

“哎，我就知道严总是言出必行的大老总！”邵松不动声色地说：“不过您今天这么忙，麻烦您就太不好意思了。这样吧，您只要在这个条子上签个字，余下的事交给我就行了。”说完，邵松将早在传达室就写好的那张纸拿了出来，铺在严总面前，顺手将笔也递了上去。严总看了一眼纸上的字，不由笑了出来，横了邵松一眼说：“还真有你的……”大笔一挥，签上了名字。

邵松带着这张纸，回到严总的公司，然后和对方的财务一起到银行，将余款金额划到了自己公司的账户上。

那张纸上到底写了什么，竟有这么大的威力？原来，邵松写的是：拖欠××公司余款时间过久，务必在今天将余款结清！严总公司的财务看到这样一张字条，怎敢拖延？

邵松凭借这份功绩，不仅在试用期未满的情况下破格转为正式职员，并且给上司留下了一个深刻的印象，为他以后的发展开了一个好头。

企业最欢迎像邵松这样善于办事的智慧型员工，他们往往是公司里最有潜力、最有发展、最受器重的“钻石”。那么，在职场上，你认为自己是一个有智慧的人吗？在工作中，你处处运用了你的智慧没有？

2

有业绩更要有人脉

在企业工作，各种考核层出不穷。为此，我们必须干出业绩，得到老板的欣赏，从而获得较好的提升和薪酬回报。但仅仅有业绩还远远不够，有业绩更需要人脉。

职场如江湖，不仅仅是因为职场中的争斗和江湖中的一样“险恶”，其实还有另外一层意思，那就是繁杂的人脉网络同样制约、影响甚至决定着身处其中的人的最终命运。在古龙的小说所描绘的江湖中，这种人脉网络的错综复杂被展现得淋漓尽致。例如在《陆小凤》中，主人公陆小凤可谓高手中的高手，据说天下人还没有谁能接得住他的绝技——“灵犀一指”。但是，陆小凤之所以能够在各种各样的陷阱、圈套和危险中屡破奇案，并不仅仅因为他有高超的武功，在很大程度上，他靠上至达官显贵、下至市井贫民的遍布四海的朋友的帮忙，也就是说，从某种意义上而言，是他广泛的人脉网成就了他的人生传奇。

由此可以看出人脉对一个人的成功有多么重要，如果把场景从江湖转换到职场,这个道理同样适用。

在职场中,资深员工常常这样告诫新进员工:"有业绩,更要有人脉。"在职场中,与领导和同事建立良好关系,工作起来会比较顺,即使业绩不好,也会受到多种关照。可有人偏认为与领导搞好关系是走旁门左道,只有拿出好的业绩才是真本事。这种观念就大错特错了。

> 新员工小琬进一家市场调研公司工作,刚工作了半年不到,就想跳槽了。倒不是工作不适应,连不喜欢她的主管都说她特别适合做市场调研;也不是对工资有太多的不满意,缴完了"四金",小琬的税后工资也能拿到 3000 元左右。小琬说她就是觉得跟同事越熟越有隔阂。譬如,同事小娜喜欢在她面前说三道四,来说是非者便是是非人,所以小琬不愿与小娜走得很近;来自山东的小琬虽说长得很娇美,可性格却属豪放型。那次新员工评分,主管给她分数不高,她一急就找到了部门经理那里,结果,主管碍于经理的面子给她改了分,但从此主管再没给她什么好脸色。小琬很是苦闷,便想跳槽走人了。

案例中的小琬在这家公司碰到的问题,在其他公司也一样会碰到,这是属于人际关系处理不好的问题,她就是那种有业绩没人脉的员工。小琬对主管有所不满,贸然去找经理投诉,这样与主管"交恶",不仅影响了工作情绪,甚至会影响到小琬的职业生涯。倘若换一种方式,找合适的时间合适的方法与主管直接沟通,可能效果全然不同。

如何对待这种职场里经常出现的事情,跳槽走人并不是理智的行为。与其匆匆跳槽,倒不如学会如何适应。首先要做的就是在最短的时间内融入集体,避免受到排挤和孤立。只有这样,才能与大家和谐相处,享受到融入集体的快乐。职场上有此遭遇的员工可以试试下面几招:

招数之一:调整心态,不把同事当"怨家"。同事之间应该是相互合作的关系,而不是相互竞争的"敌人"。如果你把同事当成阻挡自己发展的绊脚石,你一定很难在办公室立足,当然发展也就更难。请记住互惠互利,这才是集体接纳你的基本前提。

招数之二:不过问别人隐私。不要轻易打听别人的隐私,诸如生活状况、感情纠葛等,除非对方主动向你说起。即使是好朋友都应该保留彼此的空间,更何况同事呢?过分关心别人隐私是一种无聊、没有修养的表现。

招数之三：不把个人情感带入办公室。你有自己的喜恶，但要记住不要把这种个人喜恶带入办公室中。因为你的新同事的喜好可能与你相同，也可能与你全然不同。对于与你看法不一致的，你应保持沉默，不要妄加评论，更不能以此为界，划分同类与异己。为了工作，要学会“兼容”。

招数之四：积极参加集体活动。在闲暇之余，与同事们一起出去娱乐，比如唱歌、郊游、跳舞、泡吧，等等，这不仅能促进彼此的了解，也能让你获得更多的快乐和放松，更有助于形成和谐的人际关系。

招数之五：经济上分清楚，AA制是最佳选择。同事们一起活动，最好是采取AA制，这样大家心里都没有负担，经济上也都承受得起。千万不可“小气”，把自己的钱包捂得很紧，被别人看轻，即使偶尔吃点亏也没什么大不了的。

招数之六：说话要有分寸。因为大家都不熟悉，所以说话的时候必须注意分寸，不能想说什么就说什么，在每说一句话之前，都要先考虑一下是否合适。不同的场合，对不同的人，有很多话是不能随意说的，否则可能会带给你想不到的麻烦。

有时候，人际关系比业绩更重要，无人脉何来业绩？无论你的文化程度有多高，能力有多厉害，碰到需要大家协同解决事情的时候，你的能力会显得很渺小。

总之，互相尊重、配合，很快融入集体这是你进一步展示你才华的前提。有业绩还不够，更要有人脉。

3

想要出头先学会低头

有人问著名的古希腊哲学家苏格拉底：“据说你是天底下最有学问的

人,那我想请教一个问题,天与地之间的高度到底是多少?”苏格拉底微笑着答道:“三尺!”“胡说,我们每个人都有四五尺高,天与地的高度只有三尺,那人还不把天给戳出许多窟窿?”苏格拉底微笑着说:“所以,凡是高度超过三尺的人,要想长久地立足于天地之间,就要懂得低头呀!”

苏格拉底可谓深得人生的真谛——懂得低头。

因为,懂得低头才能出头,要想出头必先学会低头。有时稍微低一下头,或许我们的人生路会更精彩。因为低头是一种能力,它不是自卑,也不是怯弱,而是智慧。

我们职场中人,要学到新东西,要不断进步,就必须放低自己的姿势。只有懂得谦虚,才会得到别人的帮助,才会处处受人喜爱。

在陕西兵马俑博物馆里,有一尊依然保存完整的陶俑,它是单脚跪着的姿势,大约1.20米高,经过千年的浩劫而独善其身,之所以保存完整,是因为它的姿势,低姿态,重心低,即便倒了的棚架砸下来,也是先砸到站着的比它高出一大截的陶俑身上,因此它躲过一劫又一劫,毫发无损。

它告诉我们,保持一种适当的低姿态也是一种处世之道。

一个人活在世上,就必须时刻记住低头。不论你的资力、能力如何,在茫茫人海里,你只是一个小分子,无疑是渺小的。当我们把奋斗目标看得很高的时候,更要在人生舞台上唱低调。为人低调并非是妥协、退让、懦弱,而是一种智慧、一种远见,是一种对人的尊重,是一种品格、一种姿态、一种风度、一种修养、一种胸襟、一种谋略,是做人的最佳姿态。在生活中保持低姿态,把自己看轻些,把别人看重些。

加拿大的魁北克有一条南北走向的峡谷,它的西坡长满松、柏、女贞等树,而东坡只有雪松。造成这种景象的原因其实很简单:东坡的雪总是比西坡的雪下得大,当雪积到一定程度的时候,雪松那富有弹性的树枝就会向下弯曲,直到雪从枝上滑落。这样反复地积,反复地落,雪松完好无损,其他的树木因为无此本领,便无法在东坡存活。

当今世界竞争日趋激烈,要立足社会,不但要练就过硬的本领,还要有雪松一样的韧劲,对于外界的压力要尽可能地去承受,实在承受不了的时候,学会弯曲一下,该退的时候退一下,该让的时候让一下。“退一步海

阔天空”,退是为了更好地进,是生存的策略。能屈能伸,刚柔相济,正是这种气度和风范,使松树经受了一场场暴风雪的洗礼。

印度著名的孟买佛学院,标新立异,别出心裁,在正门的一侧开了一个小门,只有150厘米高,40厘米宽。几乎所有刚刚进入孟买佛学院的人都很纳闷:这么大的佛学院,有壮观巍峨的大门可以堂皇地出入,为什么还要开这么一个小门呢?原来,孟买佛学院是要利用这个小门给所有的新生上第一堂课。老师引导所有的新生来到这个小门前,请每个人进出一次。大家都是弯腰侧身进出的。随后老师说,大门出入当然方便,而且很体面、很有风度。但是,在很多时候,我们要出入的地方并不是都有大门,即使有也不见得可以随便出入。这时只有学会了弯腰侧身,暂时放下了尊贵和体面,才能出入自由。否则,就只能被挡在院墙之外了。老师希望大家记住:在人生的道路上,尤其是在通向成功的道路上,几乎没有宽阔的大门可走。只有善于弯腰侧身的人,才可能通过一扇又一扇走向成功的门。

有人把孟买佛学院小门的启示概括为弯腰哲学。佛学院的老师告诉他们的学生,佛家的哲学就在这个小门里,人生的哲学也就在这个小门里,人生的路上,尤其是通向成功的路上,几乎是没有宽阔的大门的,所有的门都是需要弯腰侧身才可以进去的。要学会适度弯腰,暂时的寄人篱下,暂时的委曲求全,都不要丧失信心,因为你是为了度过暂时的逆境,是为了自己光明的未来。

其实,我们的职场又何尝不是如此,自认为怀才不遇的人,往往看不到别人的优秀;愤世嫉俗的人,往往看不到世界的美好;只有敢于低头并不断否定自己的人,才能够不断汲取教训,才会为别人的成功而欣喜,为自己的不足而自省,才会在挫折面前发愤努力。

要放下架子,不耻下问。“谦虚使人进步,骄傲使人落后。”我们知道的、了解的只是汪洋中的一滴,而别人,在某一方面肯定有值得你学习的东西。一句话:把自己的杯子放低,才能吸纳别人的智慧和经验。

由此可见,懂低头才能出头,不会低头又怎能出头?

首先,低下头才是自己。《淮南子》卷一“原道训”中说:“土处下,不在高,故安而不危;水下流,不争先,故疾而不迟。”我们脚下的土地,和谁争过高低？它总是那样的沉着坚实，安而不危；水总是往低下流动，也不同谁争先，但它却总是永不停息地向前。我们是生活在土地上，要接地气，要脚踏实地，这样才是真正的自己，否则，飘起来了，就不是自己了，也许成了灰尘。

其次，低头才能看低自己。低看自己一点，能少些自大，多些清醒；能少些自满，多些干劲；能多看自己的短处和不足，多与别人比能力、比成绩，才能不断激发干劲，做好本职工作。

再次，低头才会把周围的环境看得更清楚，才会把前进的路径看得更准确。人在职场，我们既有远大志向和目标，又要关注身边的事物，有助于发现和了解问题，使我们在大环境中寻找到做具体事情的规律，找到别样的乐趣。

最后，如果发现自己明显处于劣势，不妨惹不起就躲或适当地低头。因为今天的躲和低头是为了明天的昂首阔步。我们要明白，真正的财富不是信用卡上的数字，而是我们弯下腰思索人生、平衡得失后从而收获的精神食粮。

4

经得住“蘑菇期”的考验

职场“蘑菇期”是指初入职场的新人会像蘑菇一样被置于阴暗的角落，不受重视，做着打杂跑腿的工作，有时还会遭受无端的指责，代人受过。绝大多数初入职场的年轻人，不管在哪个领域，从事什么样的工作，都会经历一段或长或短的做小事的“蘑菇期”。在“蘑菇期”，许多职场新人因忍受不了冷落和委屈，渐渐失去了工作的热情和昂扬的斗志。

事实上，蘑菇必须经历一个没有阳光、阴暗和潮湿的生长过程，才能

长得更加肥美。“蘑菇期”是每一位职场新人必须经历的一个过程，无论多么优秀的人，都有可能被派去做一些小事。在这种情况下，与其浑浑噩噩地浪费时间，不如像蘑菇那样成长，以乐观的态度，用一颗平常心正确对待工作。

所以，当你在被当做“蘑菇”、遭遇“蘑菇期”时，要学会主动去生长，抛弃掉自己的自高自大，努力地汲取养分，当你长到一定程度时，自然会被人注意到。

小冯理工科本科毕业，被派到当地乡镇工作。初来时，镇长问她懂财务吗？她说没学过；又问她对计划生育政策了解清楚不？她说以前没接触过；又问她懂不懂果树和蔬菜大棚的种植？她还是摇头。最后，镇长也摇头，想了一会儿说：“你先在办公室接电话吧，记记通知，喊喊人，不忙的时候就在会议室打扫卫生。”

从此，在繁乱的乡镇工作中，小冯开始迈出步入社会的第一步。接电话和打扫卫生，是她开始上班的第一份具体工作。虽然有些不太情愿，但既来之则安之，她开始兢兢业业地做事，从不浪费任何工作时间。

她首先把80个县直机关、全镇66个行政村、6个乡镇企业、6个直属站所的办公电话，重新整理，打印成精美的表格，给镇领导人手一份。然后制作电话记录本，并保证接打电话、收发通知准确及时，对同事态度诚恳。业余时间，她多看上级文件或通知上的用语用词，多读有关书籍，研究新闻报道写作方法，并主动帮助办公室的材料员写一些简单的文字材料。

一个月之后，她正在办公室低头看书，镇长过来说：“走，跟我到下面村里转转。”她很高兴，这毕竟是难得出去的机会。走在村边公路上时，镇长查电话号码本，想提前给村干部打个招呼。她没等镇长拿出电话本，就直接说出了那个村的电话号码，镇长很惊讶。

这一天，她跟着镇长及其他干部一共转了六个村，六个村的电话号码，她都是张口而出，从没有让别人去查，镇长特别高兴。回镇政府路上，她对镇长说：“今天在这几个村里了解了蔬菜种植情况，可以写成个信息，报给县委办公室。”镇长说：“行啊，你试着写写吧。”

当晚，她三易其稿，次日将稿子交给镇长，镇长非常满意。又过几天，镇长悄悄拿来一份材料，对她说：“小冯，这是镇里的季度工作汇报，到县里开会时用，我让材料员写了，又担心他写不好，你另外给我准备一份吧。”就这样，慢慢地，乡镇的材料工作，还有一些有关的事情，镇长基本上都交给小冯来做了。

小冯就这样度过了她入职的“蘑菇期”，其实尚不足3个月时间。

从小冯的故事中我们不难看出，当自己处在“蘑菇期”时，抗拒阴暗、潮湿的成长环境，拒绝浇在头上的粪尿，只会使自己日渐矮小。只有充分利用最基层的土壤，努力汲取养料、积累经验，才能脱颖而出，最终蜕变为能够自由享受阳光和雨露的蘑菇。

很多职场新人都有这样的经历：被分配到不受重视的部门，被安排做打杂跑腿的工作，得不到必要的指导和提携，在“阴暗”的角落里自生自灭，经常还会遭受无端的批评、指责，代人受过。于是他们怨天尤人，觉得生活对自己太不公平，甚至还有人干脆放弃了自己当初千挑万选得来的工作。

其实，这并不是企业对新人的歧视，而是企业和新员工之间相互磨合、相互适应的过程，对企业和员工都大有好处。事实上，充当“蘑菇”是绝大多数职场新人迈向成熟的必经之路，我们每一名员工在入职时都要经得住“蘑菇期”的考验。

对员工来说，一些简单的、没有技术含量的基础工作，是了解企业的生产经营状况和客户的基础。简单的工作，不是不重要的工作，做简单工作的人，不是可有可无的人。一个有积极心态的人，会把这些简单的工作当成通往成功大道的台阶，以后做更复杂的事情时才能得心应手。

对企业来说，管理者可以从一件小事、一个细节中发掘人才，在某种程度上，一个人对待小事、细节的认真态度，比他自身的能力更为重要。

“蘑菇期”不仅是对一个人专业知识的考量，还对一个人的职业道德、耐心、毅力等多方面的能力提出了更高的要求。在“蘑菇期”，很多年轻人选择逃避，但这解决不了任何问题，就算你侥幸绕过了这个难关，还会遇到千万个相似的难关,你总不能当一辈子的“逃兵”吧?

对处在“蘑菇期”的年轻人来说,最明智的做法就是锁定一个目标,并且持之以恒地努力,只有这样才能在这个艰难的过程中积累宝贵的经验,提高自己的素质,为以后的“厚积薄发”打好基础。

5 维护他人的面子

中国人历来都非常好面子,面子说到底就是一个人的自尊心。当你伤害了别人的自尊心,他会感到耻辱,而一直对你耿耿于怀。人们对伤害面子的事情非常敏感,或许你曾经不小心伤了某人的自尊心,你早就忘记了,但是被你伤害过的那个人永远不会忘记。因此,在一些无关得失的小事中,要懂得维护他人的面子,不要让他人下不了台。

对于每一位职场人士来说,长期要与之打交道的无非是上司、同事和客户等,所以我们一定要养成维护他们的面子的习惯,如果能妥善地处理好你与他们之间的关系,你的心情自然会很好,你的工作也会做得很出色,甚至对你的人生和未来的事业都会有不同程度的影响。

小星的上司是个好面子的人。小星虽然知道这一点,但在上司犯错的时候还总是忍不住当着所有同事的面就给上司提意见,好几次因此和上司在会场上产生争执,最后不欢而散。

小星的朋友小郑看见小星这么“耿直”,在私底下总是对小星说:“上司就算有错,可是当场提出来就太不给他面子了,他肯定会不高兴,这样时间长了对你很不好啊。”小星对小郑的话很不以为然,他说:“这我也知道,可是你说是面子重要还是工作重要?他明明就是错了,咱们要是不提出来,对工作总归是不好的吧。”

小郑一看说服不了小星，就不再说什么了。

没过几天，小星又和上司吵了起来。原因就是上司提出了一个计划，小星完全不顾上司的脸面，当众就指出这个计划的漏洞。上司当然觉得很没面子，终于爆发了，对小星说：“既然你这么有能力，我这个小庙容不下你这尊大佛，你另谋高就吧。”小星没想到后果会这么严重，当场就傻眼了。最后还是在一位同事的周旋下，上司才收回成命，但从此小星也别想得到任何重用了。

很多职场人希望自己可以遇到一个不那么注重面子、能听得进别人相反意见的领导，这样的“幻想”是很难实现的。中国人爱面子，是千百年来文化的积淀，可以说已经扎根到了每一个中国人的内心深处，所以我们要想遇到一个不爱面子的上司，恐怕很难。

工作中，除了维护上司的面子，也要维护和我们朝夕相处的同事的面子。因为每个人都有尴尬的时候，认错了人、说错了话，扣子突然崩掉了，在公共场所情不自禁地打了一个嗝，放了一个屁，等等，这个时候，不要幸灾乐祸地看热闹，你最好是装作什么也没看到，什么也没听到，或暂时离开，让人家无所顾忌地处理这些意外。

小夏一上班就兴致勃勃地在单位宣传一件“有意思”的事情。昨天他陪同事小王去女朋友家，小王精心打扮了一番，还带了 99 朵玫瑰花，没想到却被女朋友的母亲轰了出来，还勒令不许两人来往。小夏觉得小王女朋友的母亲真可气。

小王上班后，同事们便一起嘻嘻哈哈地跟他开起了玩笑，小王本来就觉得很尴尬，现在自己的糗事被小夏宣扬了出去，觉得很不舒服。

尽管小夏一直在说小王女朋友的母亲做得如何不对，小王的女朋友配不上他之类的话，但这些话在小王听来都非常刺耳。他不愿意听到任何一点关于昨晚发生的事。

其实，作为同事，必要的时候，你不仅不能对同事的事幸灾乐祸，你还要尽可能地帮助别人走出尴尬的境地。在别人尴尬的时候，发出笑声或大肆评论都是极不礼貌的表现，是对他人的一种轻视，也是一件让别人很

没面子的事情。有些职场新人，当同事处在尴尬的境地时，不顾及对方的感受，事后还把这些尴尬的小插曲到处传播，让同事很没面子。如果你也这样，就很容易招致别人的反感。

在工作中，对客户耐心、礼貌，给客户留面子，也是你顺利行走于职场的智慧。

一个商场来了一位顾客，要求退货。她一个多礼拜前买了一件衣服，说衣服质量不好，不喜欢。虽然衣服上的标签还没剪掉，但是销售员却发现了衣服干洗过的痕迹。按店里的规定，凡使用过的商品一个礼拜之后都不能退货，只可以是由衣物本身的原因造成的损伤而更换其他同类产品。

顾客坚持说自己没有穿过，售货员知道她在撒谎，但如果直接说她撒谎，对方会觉得失去面子，感到尴尬，说不定还会引起一场口舌大战。

这时，售货员很温和地对顾客说："我知道您可能没有穿过，我很想知道，是否是您的家人把这件衣服拿去干洗过，因为我也有过这样的经历。前不久我买了一件新衣服，跟其他衣服一起放在沙发上，我母亲不知道，就把它们一起放在洗衣机里洗了。所以，说不定你也遇到了这种情况，不信的话，你可以看看这个地方。"说着，售货员指出衣服干洗过后的痕迹。

顾客看到这个痕迹后，马上低下头说："也有这种可能！说不定是我丈夫拿去干洗的，我根本不知道，不好意思啊！那就给我更换一件其他的吧！"

这个聪明的售货员其实早就识破了顾客的谎言，但是没有直截了当地揭穿她，而是先为对方准备一个台阶，然后顺水推舟地让对方下了台。这种情况下，心虚的顾客不会再坚持，还会对这个售货员心怀感激。

很多时候，当人们撒谎后，会寻找各种借口为自己开脱，如果对方的错误对你无关紧要，那么不如先为他找一个借口，他会对你心存感激，如果你不依不饶，以牙还牙地揭穿他的谎言，那只会让事态更严重，让人对你恨之入骨。要知道，说话顾全对方的面子，会使人产生愧疚感，并主动改正错误。

所以，职场中人学会维护他人的面子是一种智慧，是顺畅职场的秘诀。

6

尊重他人的隐私

罗曼·罗兰说："每个人的心底，都有一座埋葬记忆的小岛，永不向人打开。"马克·吐温也说过："每个人像一轮明月，他呈现光明的一面，但另有黑暗的一面从来不给别人看到。"这座埋葬记忆的小岛和月亮上黑暗的一面，就是隐私世界。

职场上有的人在交朋友时，随便侵入朋友的隐私地带，他们认为，朋友之间应该推心置腹，坦诚相见，所以就不存在什么隐私。抱有这种观点并侵入朋友隐私世界的人，是不可能交到朋友的，而且还会伤害到别人。不错，朋友之间是应该坦诚相见，推心置腹，但在隐私这个问题上，这一道理是行不通的，如果要交朋友，就不要侵入朋友的隐私世界。

在任何交际场中，隐私都是一道不应越过的防线。《现代汉语词典》上说："隐私——不愿告人的或不愿公开的个人的事。"

"不愿告人"和"不愿公开"自然有他的原因，有些事情如果公开，未必会有好的结果。普通人的隐私虽与国家命运前途无关但却与个人的尊严和命运前途休戚与共。在隐私世界中，一般总是有些令人不快、痛苦、羞恨的事情，比如恋爱的破裂，夫妻的纠纷，事业的失败，生活的挫折，成长中的过失，感情上的纠葛，等等。你的朋友，不论对你如何亲密无间，不分你我，都有权利把隐私埋葬起来，不向你透露，不给你看到，你尊重朋友，就要避免打听朋友的隐私。这不是冷漠，而是善解人意的体现。知道了朋友的隐私，对朋友、对自己只有坏处，没有好处，给朋友增加了心理负担，给自己增加了保密的责任感。有的人就好打听别人的隐私，津津乐道，以此为快，这是不健康的心态，是趣味低级和作风庸俗的表现，这是品行端正情操高尚的人所不齿和不为的。有的人好翻朋友的抽屉，乱拆朋友的信件，擅自翻阅朋友的日记，自诩亲密待人，不分你我，这样做不但惹

人生厌，而且暴露了你的不良品行，降低了你的人格。此外，朋友不成熟的构思设想，未完成的论文报告，也不要随便打听、泄露，以免破坏情绪，干扰思维，影响朋友的工作。

如果你知道朋友的隐私，最好把它从记忆中抹掉，至少也要把好嘴巴这道关口，守口如瓶，不让其泄露出来。撕开朋友痊愈的伤疤，暴露朋友的秘密，只能使朋友尴尬、不快、饱尝痛苦和羞恨，而且会给搬弄是非的小人提供中伤、打击、散布流言蜚语的材料。对朋友的隐私，更不可到处宣扬，或以此要挟，否则简直是泼皮行径，小人伎俩，到这步田地，友谊已荡然无存，有的只是敌意、较量。

朋友心里有隐私是非常合理的事情，我们要给予尊重，让朋友保留一片秘密的天空。好奇之心，希望知道朋友的隐私之情，也在所难免，可我们要懂得克制，侵入朋友隐私世界的结果只能给自己和他人带来不利。

> 比如，女同事过了青春妙龄，便觉到了“警戒水位”，再不愿报年龄。可职场中有些人刚认识不到两分钟，劈头就问：“今年多大了?”
>
> 也许问者并没意识到这属于个人的隐私。被问的女同事心里也知这些，虽然不情愿，但不知道如何作答。
>
> 又比如，当代人的收入不再限于工资，便形成了种种疑团，这种种疑团让一些人煞费苦心，一些好奇的人总是喜欢问人家：“今年收入多少?”然后从对方的举手投足中揣测数字的真假。

我们看到了人与人关系中令人绝望的场景：名人的“秘闻”和“桃色事件”四处流传；工资级别、奖金多少、夫妻关系、臀部尺寸等消息永不停息地运行于一条条“舌头”流水线上……

> 据报道，一位女员工两年前遭歹徒羞辱，创伤逐渐平复后，她爱上一位英俊的男同事，可她又陷入深深的痛苦：不讲出这段实情吧，对不起他；讲出来吧，又怕失去他。到底要不要向他告诉这个隐私呢？她整日为此六神无主，寝食不安……
>
> 后来心理医生告诉她：可以保留自己的隐私。从理论上，恋人之间要忠诚老实，互相信任。但从实践上看，大凡青年女子失过身的，不管是被人强奸还是自愿与其他男性有过性行为的，男友一旦察觉或知道之后，轻则有难言的苦涩之感，重则断然分手

……因此心理医生告诉她：没有必要让过去的阴影继续笼罩未来的生活，别再给自己的伤口撒盐，雪上加霜。

像这位女员工的遭遇，生活中很多，文学作品和影视作品中也经常可以见到，那些作者们无非想以此来表现女人的坦诚和男人的胸怀，岂不知即使男人经过痛苦的思想斗争终于接受了那个残酷的现实，也未必会有一个甜蜜的结局。女人的“坦诚”使自己解脱了精神上的压力，却把沉重的精神负担交给了对方，等于把一只苍蝇从自己的嘴里掏出来，塞到对方的嘴里。女人不会因为“坦诚”而变得高尚，男人也不会因为勇于吃下一只苍蝇就被人认为崇高。这种“坦诚”的副作用往往很大，甚至代价惨重。

每个人的心都是一个贮藏器，贮藏着一些不愿公开的小秘密，那是一块私人的绿洲或是私人的垃圾堆，不希望别人窥探，更不希望别人贸然闯入。保留隐私是人的一种尊严，是生命中最珍贵的权利，是个人生活中的独立的空间。

事实上，人与人之间真正的透明是不存在的，只有朦胧永恒。朦胧不仅是一种客观存在，也是一种和平、安宁的境界，一种美与和谐的境界。

其实，人类文明的标志之一就是人有了隐私，并逐步得到了隐私权。失去或放弃隐私如同当众被剥去或自动剥去衣服，谈何人的尊严?!

人在职场，请尊重隐私，尊重别人的，也尊重我们自己的。

7 把吃亏当成一种投资

职场上说到“吃亏”，许多人一定都会拼命地摇头，毕竟有谁愿意被别人占了便宜呢？但总是有一些“傻瓜”，他们不仅不介意吃亏，还会大张旗鼓地吃亏。因为他们知道，多付出一点，就能获得更大的回报。

其实，吃亏是一种长远投资，聪明的人总是会在利益抉择的时候为他人着想，能不计较的就不计较，能成全的就成全，能帮忙的尽量帮忙。虽然可能一时有所损失，但日后的回报自然也不会少。放弃了手里的银子赚回了钻石，何乐而不为？

作为职场中人，利益面前要表现聪明一点，懂得衡量银子和钻石的价值。不要只顾一时的利益，从而失去长远的利益。事实上，只有那些肯“吃亏”的人在职场上才能走得更远。

人们常说“吃亏是福”，职场人要想在竞争中取得成就，仅仅在工作中做到全心全意、尽职尽责是不足以使你脱颖而出的，你还应该比自己分内的工作多做一点，比别人期待的做得更多一点，多为你的老板和你的客户着想，如此才可以吸引更多的注意，给自我的提升创造更多的机会。

很多人都不明白这种“吃亏”、多付出一些是福气的道理，总是认为只要把自己的本职工作做好就可以了。对于老板安排的额外的工作，不是抱怨，就是不主动去做。这样的员工，有时说不定饭碗都难保住，更不要说获得升职加薪的机会了。

著名汽车制造商杜兰特手下的总裁叫道尼斯，他曾是杜兰特手下的小职员，道尼斯刚工作的时候就注意到，每天下班后，所有的人都回家了，但是老板仍留在办公室里，一直待到很晚。于是他觉得应当留下来，为老板提供一些工作上必要的协助，结果，老板随时都可以看到他，最后养成了召唤他的习惯。道尼斯付出了额外的时间和精力，但是，这种吃亏却使他获得了总裁的位置。

道尼斯是懂得“吃亏是一种投资”的人，他的努力没有白费，提高了自己，为自己的前程和发展埋下了很好的伏笔。

懂得“把吃亏当成一种投资”是需要智慧的，这种智慧不是那种“精明”的人所能明白的，所谓的“精明”人没有大局观念，总是纠缠在一些边角利益的争夺上，殊不知，最大的利益往往会因为这些边角利益的争夺而失去。当你在为自己取得一点点小利益而沾沾自喜的时候，你是否会想到，你已经失去了许多更大的利益？

懂得吃亏于人于己都有许多好处：

懂得吃亏，能够收获心灵的宁静。一个人的幸福与否，往往是取决于他的心境如何。如果我们用外在的东西，换来了心灵上的平和，那无疑是获得了人生的幸福，这便是值得的。其实无论是心情还是人情，在看似吃亏的过程中，已经得到了补偿。一个永远都咄咄逼人、斤斤计较不肯吃亏的人，时间长了，只会让人觉得了无情趣。而一个愿意吃亏的人往往给人留下豪爽、大度、重感情、乐于助人的印象，从而很快被人接受和信赖。这种接受和信赖反过来可以增加他的自尊和自信。此时的吃亏是个人修为的投资。

懂得吃亏，能收获物质的回报和事业的机遇。就普通人之间的交往来说，大家往往都遵循着付出和回报等价这一原则。我们所给予对方的，将会形成一种社会存储而不会消失，一切终将以某种我们常常意想不到的方式回报给我们。有一位企业家，他既没有高学历，也没有金钱，更没有辉煌的家庭背景，但却很快在商业上获得了成功。当有人请教他成功的秘诀时，他说："我总是乐意向别人付出，因此也能得到别人的信赖和帮助。正是由此建立起来的良好人际关系，使我很快便走向了成功。"这里的吃亏是人脉的投资。

懂得吃亏，是长远的眼光。在做出自我牺牲——吃亏的同时，还要注意不要急于获得回报。在现实生活中，只愿付出、不求回报的人几乎是没有的，但是，急于回报的结果往往是得不到回报。因为这会给人一种"被利用"的感觉。

当然，对于大多数人来说，如果在付出之后却没有得到希望中的回报，就会感到自己"吃亏"了。但是，这种"吃亏"是值得的，除非你所碰到的是特别阴险、奸诈的人，否则就没有白吃的亏。

懂得吃亏，是舍小利逐大利。据说有个砂石老板，没有文化，也绝对没有背景，但生意却出奇的好，而且历经多年，长盛不衰。说起来他的秘诀也很简单，就是与每个合作者分利的时候，他都只拿小头，把大头让给对方。如此一来，凡是与他合作过一次的人，都愿意与他继续合作，而且还会介绍一些朋友，再扩大到朋友的朋友，也都成了他的客户。人人都说他好，因为他只拿小头，但所有人的小头集中起来，就成了最大的大头，他才是真正的赢家。

吃亏是福，因为人都有趋利的本性，你吃点亏，让别人得利，就能最大限度调动别人的积极性，使你的事业兴旺发达。这种舍弃目前小利而争取长远大利的吃亏是对人性的投资。

当然，吃亏并不是凡事都迁就，或毫无原则地退让，甚至胆小怕事，这些都不是真正的“吃亏哲学”。凡事皆有度，吃亏也不例外，吃亏过程中也必须考虑原则：

首先，吃亏有道德底线。一般的亏可以不在意，如果太过分、太离谱，也仍要人们以此为信条，那就无异于纵容作恶或者养虎遗患了。比如制售有害食品，消费者被损害了健康，能以此为福吗？可见，“吃亏是福”并不适用于一切道德行为主体和范畴。对于那些专以损人利己为能事的恶人，就不能安于吃亏，因为这只会助长其变本加厉。

其次，吃亏也有利益边界。在很大程度上，对于吃得起的亏，无论大小，不在意比在意更经济、更符合利益最大化原则。所谓“吃亏是福”，一定有个利益边界，有个承受能力的权衡。

只要掌握了吃亏的原则后，我们就可以区分可吃之亏和不可吃之亏，对于可吃之亏，我们要主动地吃，勇敢地吃，要吃得风生水起，才能真正体现吃亏是一种投资的价值。

8 少说多做，警惕祸从口出

俗话说：“鸟会被自己的双脚绊住，人会被自己的舌头拖累。”身在职场，如果你嘴巴毫无遮拦，那么荆棘会无处不在。切记，给你的嘴巴筑道墙，不该说的就让它烂在肚子里，可说可不说得最好闭嘴。

古语有云：“祸从口出。”不要在背后议论同事，更不能谴责领导，谁知道这些话会不会传到别人耳朵里，秘密还是埋在自己心里更安全。因为人无完人，一些看似无心的话，有时候会像一根刺深深扎入他人的心口。职场上有一些员工，就是因为自己的“大嘴”无意中触犯过同事，并得到了刻骨铭心的教训。

有专家说，职场上的“谈话”也是一种艺术。说什么、怎么说，都有讲究。很多时候，一句适当的话可为你加分，而有时吃亏就是因为没能管住自己的嘴巴。心理咨询师认为，大嘴巴的人企图用提供信息获取他人确定、接收、赞美，并被同事欢迎。这种人短期可能会被认可，但长此以往必定会成为老板最想一脚踢走的家伙。

一次，某公司副组长给一个大龄女介绍对象，频繁不成功之后，她发牢骚说：“女人三四十岁不结婚，心理必定有问题。”结果她刚讲完之后，发现旁边就站着一个大龄未婚女同事，她顿时感到无比尴尬，而那位女同事也从此与她有了芥蒂。

职场就像武侠中形容的“江湖”一样，到处是明枪暗箭刀光剑影。即使平时同事相处非常融洽，但请你要在聊天的时候管好自己的嘴巴，不然就很容易“祸从口出”。说话不经大脑，是直率的表现，但是在职场，也是不成熟的表现。很多时候，你说的话，恰恰是老板或同事，最不想听到的。

小莹穿着新买的衣服走进办公室，小艳上前搭讪：“今天穿新衣服哦！”小莹正要开心回应，却听见小艳紧接着问：“又是在步行街淘的吧？”小莹灿烂的笑容立刻冻结在脸上。

虽然小莹爱去步行街淘便宜衣服穿，但是她很介意别人当面这样说。本来是一个增进同事感情的机会，小艳却让自己被小莹列进了人际黑名单。

其实，很多时候我们的本意并不坏。但是说者无心，听者有意，千万别说话得罪了人自己还不知道。所以说，人在职场尽量少说多做，要警惕祸从口出。

第一，不要揭人伤疤。不能拿朋友的缺点开玩笑。不要以为你很熟悉对方，就随意取笑对方的缺点，揭人伤疤。那样就会伤及对方的人格、尊严，违背开玩笑的初衷。

第二，放低说话的姿态。面对别人的赞许恭贺，应谦和有礼、虚心，这样才能显示出自己的君子风度，淡化别人对你的嫉妒心理，维持和谐良好的人际关系。

第三，说话时不可伤害他人自尊。讲话要有分寸，不要伤害他人。礼让不是人际关系上的怯懦，而是把无谓的攻击降到零。

第四,得意而不要忘形。得意时要少说话,而且态度要更加谦卑,这样才会赢得朋友们的尊敬。

第五,莫逞一时口头之快。凡事三思而行,说话也不例外,在开口说话之前也要思考,确定不会伤害他人再说出口,才能起到一言九鼎的作用,你也才能得到别人的尊重和认可。

第六,耻笑讥讽要不得。言为心声,语言受思想的支配,反应一个人的品德。不负责任,胡说八道,造谣中伤,搬弄是非等,都是不道德的。

第七,不要总是抱怨原单位。跳槽属于人才流动,是当今社会很正常的一种现象,并不为奇,如果你在新单位大耍"嘴功",以贬低老团队的手段来抬高自己在新团队的人缘和地位的话,那你就大错特错了!

总之,祸从口出,没必要自惹麻烦。要想在职场中与领导、同事关系融洽,那就多注意你的言行。对于姿态上低调、工作上踏实的人,上司们更愿意起用他们。如果你幸运的话,还很可能被上司意外地委以重任。

现在的职场新人,上班即挂 QQ,一个 QQ 面板上,几百个人,同学、同事、客户、游戏好友、老板都在其中。不知不觉地,跟谁说话都是 QQ 腔。某天老板在 QQ 上问小冰工作进度如何,她直接回一句:"好啦,我会做啦!"还附带一个吐舌表情。搞得老板心里不舒服半天,这话听起来漫不经心,既敷衍工作,又不尊重领导。

所以说,说话的语气很重要,遇到注重职场伦理的老板,你的不对头的语气会让他对你产生十分恶劣的印象,而你还浑然不觉。下面这些话你千万不要说:

1."那不归我负责"。就算真的不是你的工作,在老板耳朵里,也只像自扫门前雪,不愿承担责任,或缺乏团队精神,不愿多花力气,协助他人解决问题而已。

2."这不是我的错"。典型的诿过用语。如果情况严重,你说这句话会激怒老板。就算不是你的错,不妨说"在这件事情上,我确实有改进的空间,我认为可以如何如何",用这样的句式将话题重点转移到寻求解决方法上,等问题解决了,再追究责任人,你也不会是冤大头。

3."我做不到……"。此话一出,老板严重怀疑自己的用人选择。你做不到,那用你干什么?你看宫廷剧里,所有的大臣都会说"臣遵旨,臣肝脑涂地必不辱使命",所以,即使你不可能完成所有使命,也不能赤裸裸地说:“我不行。”你可以寻找替代方案或者想办法改变老板的预期。

9 懂一点人情世故

一个人不管有多聪明,多能干,背景条件有多好,如果不懂得如何做人、做事,那么他最终的结局肯定是失败。很多人之所以一辈子都碌碌无为,是因为他活了一辈子都没有弄明白该怎样去做人做事,不懂得一点人情世故。

我们生活在一个现实的职场,一些人和事,你无法改变的时候,就需要改变自己,努力让自己适应这个职场。如果不想处处碰壁,你就必须懂得一些人情世故,掌握一些交际礼仪和沟通技巧,适时宜地“来事”,灵活地处世。

学会一些人情世故,并不是教你违心、虚伪、奸诈地迎合别人,钻空子,占便宜,而是告诉人们在处世方面,在善良、真诚、宽容的基础上,做事掌握分寸,谨言慎行,智慧灵活地待人接物。如果能做到这些,职场中的我们会少很多烦恼,对自己的生活和工作必定会有所帮助。

人人都知道孔子这人,但对孔子的身世不一定都清楚。其实,孔子的身世很可怜,父亲去世的时候,他还有一个半残废的哥哥和一个姐姐,古时女子一般是没有太多途径去谋生的,所以养活家人的担子要由孔子来担,他的责任很重。他说自己十五岁的时候,开始立志做学问,经过十五年的磨炼,积累了多种多样的人生经历,到了三十岁而“立”。孔子的“立”不是成家了,有工作了,而是树立了自己的人生价值观,懂得了许多人情世故。

孔子的人情世故,也是随着年岁的增加,慢慢懂得的。两千多年前的

孔子尚知道要懂点人情世故，何况这个时代的我们呢？在这个时代，人不可能仅靠自己的力量生存，你不可避免地要和别人打交道，打交道就要学会处理人际关系，这些都是人情世故的内容。比如，你如果是一个直性子的人，直性子的人挺好，但是请注意不要因为自己的口无遮拦而伤害你的朋友。因为很多时候，伤人的同时也是在伤害自己，在责怪周围人待你不善的同时，是不是也反省一下自己呢？

某办公室的室友说过这样一件事：

某届昔日同窗大学毕业后，同住一个宿舍的七名男生中有六名进了市委和市下属部门，只有小张到了市一中教书。毕业后第一年，七人相约聚会，尽欢而散。第二年，七人再次相聚，仍尽欢而散。第三年，六人已是副科级或科级干部，六人便与小张说不到一块儿了。第四年，六人相聚，没有邀请张老师，六位领导尽欢而散。以后三年相聚，没有人想起邀请小张。

第八年，小张因教学成绩突出，破格提拔为市一中副校长。考虑到日后子女入学，六位领导便决定邀请小张，可是却怎么也请不来张校长。

这件看起来很小的一件事，说明了什么呢？说明了这六位同窗都不懂人情世故，都太势利，都患了人性的“近视症”。

生活在大千世界里，你我都不是孤独的。亲朋好友、领导同事、街坊邻居，即便是收破烂买废报纸、卖菜、卖瓜的，每天都会遇见，打声招呼，人人为我，我为人人，你中有我，我中有你，谁都离不开谁，哪个人不会求人呢？

一年下来，除了工作上的努力奋斗，很多时候基本上都有一些“应酬”。今天老板的儿子结婚、女儿出嫁，明天经理的儿子或女儿上大学，后天某同事乔迁新居，大后天新同事过生日……凑份子，或祝贺，或恭喜，或祝福，来也匆匆，去也匆匆，自是辛苦，但不觉得累，这是人之生活的一部分，不可或缺的重要部分。

生活和工作是平凡的，但又是丰富多彩的，人情世故不可少。

因此，我们可以得到一个结论：不管你在职场职位高低，都要靠人生经验的积累。而人生经验累积成个什么东西呢？简单的四个字——人情世故。现在人们把人情世故给想歪了，把它当成了贬义词，认为那些油腔滑调、溜须拍马之徒才应该背着“人情世故”这四个字。其实不然，“人情”就是人与人的性情，人与人融洽相处的方式与情感，用现在的专业词语叫做“人际关系”。“世故”指的是(过去的、现在的、将来的)社会百态的变迁，包括文化的变迁，风俗的变迁，道德的变迁，等等。综合来说就是了解人的特性，知道社会的发展趋势，了解各个层面细微的变化。

职场的你，懂一点人情世故吗？

附 录

员工性格测试

1. 你何时感觉最好(　　)

A、早晨；　　B、下午及傍晚；　　C、夜里。

2. 你走路时是 (　　)

A、大步快走；　　B、小步快走；

C、不快，仰着头面对着世界；　　D、不快，低着头；　　E、很慢。

3. 和人说话时，你 (　　)

A、手臂交叉地站着；　　B、双手紧握着；

C、一只手或两手放在臀部；　　D、碰着或推着与你说话的人；

E、玩着你的耳朵、摸着你的下巴，或用手整理头发。

4. 坐着休息时，你的 (　　)

A、两膝盖并拢；　　B、两腿交叉；

C、两腿伸直；　　D、一腿蜷在身下。

5. 碰到你感到发笑的事时，你的反应是(　　)

A、一个欣赏的大笑；　　B、笑着，但不大声；

C、轻声地咯咯地笑；　　D、羞怯的微笑。

6. 当你去一个派对或社交场合时，你(　　)

A、很大声地入场以引起注意；

B、安静地入场，找你认识的人；

C、非常安静地入场，尽量保持不被注意。

7. 当你非常专心工作时，有人打断你，你会(　　)

A、欢迎他；　　B、感到非常恼怒；　　C、在以上两极端之间。

8. 下列颜色中，你最喜欢哪一颜色？（　　）

A、红或橘色；　B、黑色；　C、黄或浅蓝色；　D、绿色；

E、深蓝或紫色；　F、白色；　G、棕或灰色。

9. 临入睡的前几分钟，你在床上的姿势是（　　）

A、仰躺，伸直；　B、俯躺，伸直；　C、侧躺，微踡；

D、头睡在一手臂上；E、被盖过头。

10. 你经常梦到你在（　　）

A、落下；　B、打架或挣扎；　C、找东西或人；

D、飞或漂浮；　E、你平常不做梦；F、你的梦都是愉快的。

现在将所有分数相加，再对照后面的分析分数：

1. A2 B4 C6；2. A6 B4 C7 D2 E1；3. A4 B2 C5 D7 E6；4. A4 B6 C2 D1；5. A6 B4 C3 D5；6. A6 B4 C2；7. A6 B2 C4；8. A6 B7 C5 D4 E3 F2 G1；9. A7 B6 C4 D2 E1；10. A4 B2 C3 D5 E6 F1。

【评分标准】：

低于21分：内向的悲观者。人们认为你是一个害羞的、神经质的、优柔寡断的，是需人照顾、永远要别人为你做决定、不想与任何事或任何人有关。他们认为你是一个杞人忧天者，一个永远看到不存在的问题的人。有些人认为你令人乏味，只有那些深知你的人知道你不是这样的人。

21分到30分：缺乏信心的挑剔者。你的朋友认为你勤勉刻苦、很挑剔。他们认为你是一个谨慎的、十分小心的人，一个缓慢而稳定辛勤工作的人。如果你做任何冲动的事或无准备的事，你会令他们大吃一惊。他们认为你会从各个角度仔细地检查一切之后仍经常决定不做。他们认为对你的这种反应一部分是因为你的小心的天性所引起的。

31分到40分：以牙还牙的自我保护者。别人认为你是一个明智、谨慎、注重实效的人。也认为你是一个伶俐、有天赋、有才干且谦虚的人。你不会很快、很容易和人成为朋友，但是是一个对朋友非常忠诚的人，同时要求朋友对你也有忠诚的回报。那些真正有机会了解你的人会知道要动摇你对朋友的信任是很难的，但相等的，一旦这信任被破坏，会使你很难熬过。

41分到50分：平衡的中道。别人认为你是一个新鲜的、有活力的、有魅力的、好玩的、讲究实际而永远有趣的人；一个经常是群众注意力的焦点，但却是一个足够平衡的人，不至于因此而昏了头。他们也认为你亲切、和蔼、体贴、能谅解人；一个永远会使人高兴起来并会帮助别人的人。

51 分到 60 分：吸引人的冒险家。别人认为你是一个令人兴奋的、高度活泼的、相当易冲动的个性；你是一个天生的领袖、一个做决定会很快的人，虽然你的决定不总是对的。他们认为你是大胆的和冒险的，会愿意试做任何事至少一次；是一个愿意尝试、喜欢冒险的人。因为你散发的刺激，他们喜欢跟你在一起。

60 分以上：傲慢的孤独者。别人认为对你必须“小心处理”。在别人的眼中，你是自负的、自我中心的、是个极端有支配欲、统治欲的。别人可能钦佩你，希望能多像你一点，但不会永远相信你，会对与你更深入地来往有所踌躇。

马屁拍到马腿上

张经理今年四十岁，但看起来比较老相。一天，来了一名新员工，在办公室聊天，新员工说张经理显得年轻。张经理就让他猜猜他的年龄，新员工说："您也就刚五十。"张经理很失望地摇摇头，新员工连忙问："那我猜的与您的年龄差几岁呀？"别人说："十岁。"新员工兴奋地说："您真显年轻，说您六十，我还真不信。"

讨厌的打字机

两个女秘书在谈话：

"谁发明的打字机，讨厌！"

"怎么啦？"

"我只要一不干活，所有人立刻都听见了。"

没有特长有"特别长"

约翰看了游泳池招聘救生员的广告后前去报名。

游泳池的老板问约翰："你有救生经验吗？"约翰摇摇头。

老板追问道："那你有什么特长？"

约翰回答说："我人特别长，游泳池水深 2.1 米，我身高 2.17"。

习惯成自然

某局张局长突然接到一封加急电报，电文是：母亲去世，父亲病危，望速归。阅毕，张局长痛不欲生，边哭边在电报回单上签字。邮递员接过回单一看，竟是"同意"二字。